LEBENSHUNGRIG

Für Mama

Laura Pape

LEBENSHUNGRIG

Mein Weg aus der Magersucht

SCHWARZKOPF & SCHWARZKOPF

Inhalt

ZURÜCK IM LEBEN

VORWORT

»Magersüchtig werden? Das könnte ich nicht!«, habe ich früher oft gesagt. Ich habe immer viel zu gern gegessen, um darauf zu verzichten. Aber dann ist es doch passiert. Es fing alles mit einer harmlosen Diät an. Ich dachte mir nichts Schlimmes dabei, wollte einfach nur ein bisschen abnehmen. Eine Diät macht schließlich jeder mal. Aber ich habe den Zeitpunkt verpasst, um wieder damit aufzuhören – und dann steckte ich auch schon mit beiden Beinen in der Magersucht. Es ging alles schnell, so unglaublich schnell. Und plötzlich gab es kein Zurück mehr.

Ich habe dieses Buch geschrieben, um all denen Mut zu machen, die selbst unter einer Essstörung leiden und keinen Ausweg mehr sehen. Kämpft! Es ist nie zu spät, das Leben wieder zuzulassen – und das Leben kann so schön sein!

Außerdem möchte ich allen Angehörigen näherbringen, was es wirklich heißt, magersüchtig zu sein. Es steckt mehr dahinter als nur ein zu niedriges Gewicht. Magersucht ist der Versuch, das eigene Leben unter Kontrolle zu bekommen, das unersättliche Streben nach Perfektion. Es ist ein Kampf gegen den eigenen Körper. Außenstehende sehen das meist nicht. Dabei habe ich festgestellt, dass fast jeder, mit dem man sich über das Thema Essstörungen unterhält, mindestens eine Person kennt, die davon betroffen ist. Es ist in der heutigen Gesellschaft leider keine Seltenheit mehr, dass Menschen unzufrieden mit der eigenen Figur sind und Probleme mit dem Essen haben – im Gegenteil: Laut einer Studie des Berliner Robert-Koch-Instituts zur Gesundheit von Kindern und Jugendlichen in Deutschland zeigt hier mehr als jedes fünfte Kind zwischen elf und 17 Jahren Symptome einer Essstörung.[*]

Gerade darum halte ich es für wichtig, auch die Nicht-Betroffenen über diese Krankheit zu informieren. Oft hilft es essgestörten Personen schon weiter, wenn man ihnen das Gefühl gibt, verstanden zu werden, statt ihnen ein »Iss doch einfach mal mehr!« an den Kopf zu werfen.

Ich will euch die Geschichte meiner Magersucht erzählen. Die Geschichte von dem Kampf, den ich gegen mich selbst geführt habe. Davon, wie ich mich in diesem Kampf verlor und ein halbes Jahr in der Psychiatrie verbringen musste. Und ich will euch erzählen, wie ich es am Ende doch noch geschafft habe, mich für das Leben zu entscheiden. Und gegen die Krankheit.

Laura Pape

[*] Vgl. Robert Koch-Institut, Berlin, Erste Ergebnisse der KiGGS-Studie, (2006), S. 50.

TEIL 1

Fallen

JANUAR

Ich bin 17 Jahre alt und finde mich zu dick. Ich hasse meine Oberschenkel, die beim Gehen schwabbeln und sich berühren, wenn ich meine Knie zusammenhalte, meine Fettrollen am Bauch, die im Sitzen über den Hosenbund hängen, und mein rundes Gesicht, das mich eher an einen Vollmond erinnert.

Meine Figur hat mir noch nie sonderlich gut gefallen und ich habe auch schon die eine oder andere Diät deswegen gemacht, aber mit der Zeit hat sich das Nicht-sonderlich-Gefallen zu einem regelrechten Hass entwickelt. Ich hasse mich dafür, dass ich so undiszipliniert bin und keinem Essen widerstehen kann. Hasse mich dafür, dass ich einfach dabei zusehe, wie ich dicker und dicker werde. Inzwischen bringe ich mit meinen 1,71 Metern ein Gewicht von 67 Kilo auf die Waage. Deshalb beschließe ich gemeinsam mit meiner Freundin Shelly, eine Abnehmwette zu starten.

Shelly kenne ich schon seit meiner Kindheit. Unsere Mütter sind gut befreundet und so hatten wir unsere ersten Begegnungen bereits im Grundschulalter. Hin und wieder gab es mal kleine Funkstillen zwischen uns, aber wir haben uns nie ganz aus den Augen verloren. Irgendwann wurde eine Wohnung neben uns frei und Shelly zog mit ihrer Mutter darin ein. Seitdem sind wir Nachbarn und können uns sogar von unseren Küchenfenstern aus sehen.

Wie ich wünscht sich auch Shelly eine schlankere Figur. So sind wir auf die Idee gekommen, einen kleinen Wettbewerb aus unserem Vorhaben zu machen: Wer von uns erreicht als Erste die 59 Kilo? Wer hat die größere Disziplin?

59 Kilo, das ist die Zahl, die wir auf der Waage sehen wollen.

59 Kilo, so viel wiegt eine perfekte Frau.

59 Kilo sind keine 60 mehr.

Für mich steht fest: Ich will auf jeden Fall noch vor Shelly die 59 erreichen! Also lasse ich nach und nach ein bisschen mehr Essen weg. Zuerst verzichte ich auf Süßigkeiten. Das fällt mir am Anfang der Diät noch ziemlich schwer, da es vorher zu meinem Alltag gehört hat, zwischendurch mal was zu naschen. Doch die Wette mit Shelly spornt mich an, sodass ich stark bleibe und den Süßigkeiten widerstehen kann.

*

Nach ein paar Tagen stelle ich fest, dass ich vom Verzicht auf Süßes doch nicht so schnell abnehme, wie ich es gern hätte. Ich überlege mir, wie ich meine Ernährung perfektionieren kann, damit meine Pfunde noch schneller purzeln. Schließlich fallen mir die Eiweißshakes ein, die seit Neuestem in der Fernsehwerbung vermarktet werden. Diese versprechen eine schnelle und erfolgreiche Gewichtsabnahme ohne Heißhungerattacken. Ich gehe also in die Apotheke und kaufe mir eine Packung von diesem Eiweißpulver, obwohl sie ein halbes Vermögen kostet.

Erst ersetze ich nur eine meiner drei Hauptmahlzeiten durch so einen Shake, aber es dauert nicht lange, bis dieses Getränk zu meinem Hauptnahrungsmittel wird. Drei Mal am Tag trinke ich nun ein Glas davon und esse lediglich noch ein bisschen Obst oder Salat zwischendurch. Meinem Magen, der nach Essen schreit, schenke ich einfach keine Beachtung. Soll er doch meckern, dass er Hunger hat! Von mir bekommt er nichts mehr!

Viel Sport mache ich auch. Fast jeden Tag kämpfe ich mich mit meinem Fahrrad durch vollgeschneite Straßen zum Fitnessstudio, um dort Kalorien zu verbrennen. An manchen Tagen, wenn nicht ganz so viel Schnee auf den Straßen liegt, kommt Shelly mit mir mit. Sie hat kein eigenes Fahrrad und leiht sich deshalb immer das von ihrer Mutter.

Im Fitnessstudio trainieren wir dann gemeinsam. Gegeneinander. Wer hält es länger auf dem Laufband aus? Hat Shelly genug Ausdauer, um meine 30 Minuten zu übertreffen?

In meinem Kopf entwickelt sich unsere kleine Wette zu einem lebenswichtigen Wettkampf, den ich unbedingt gewinnen muss. Ich glaube nicht, dass sie für Shelly dieselbe Bedeutung hat wie für mich, aber das spielt auch keine Rolle. Hauptsache, ich gewinne. In der ersten Woche nehme ich vier Kilo ab. Die Woche darauf noch mal zwei. In der vierten Woche erreiche ich endlich die 59 Kilo. Shelly wiegt noch 61 Kilo.

FEBRUAR

In dem Moment, in dem ich mich auf die Waage stelle und sich der Zeiger zum ersten Mal nicht mehr über die 60 hinweg bewegt, fühle ich mich großartig. Ich bin stolz auf mich und überglücklich. Ein richtiges Hochgefühl durchströmt mich. Ich mache ein Foto von der Anzeige der Waage. Für Shelly, als Beweis.

Shelly freut sich für mich und gönnt mir den Erfolg. Doch im Gegensatz zu mir hält sie ihr Gewicht. Ich hingegen nehme wieder zu. Denn noch am selben Tag fange ich an, mich wieder genauso zu ernähren wie vor der Wette. Zu Mittag esse ich eine große Currywurst und Pommes mit Mayonnaise und abends vor dem Fernseher mache ich eine ganze Tüte Chips leer. Ich kann mich vor Heißhungerattacken gar nicht mehr retten und habe einen Fressanfall nach dem anderen. Ich habe das Bedürfnis, all das, was mir an Nahrungsaufnahme in den letzten Wochen gefehlt hat, nun nachzuholen.

Mit Louise, meiner besten Freundin, fahre ich oft zu McDonald's, wenn wir mal wieder eine Freistunde in der Schule haben. Auch dort kann ich mich mit dem Essen nicht bremsen

In dem Moment, in dem ich mich auf die Waage stelle und sich der Zeiger zum ersten Mal nicht mehr über die 60 hinweg bewegt, fühle ich mich großartig. Ich bin stolz auf mich und überglücklich.

und selten belasse ich es bei einer einzigen Bestellung. Es schmeckt einfach zu köstlich und weil wir so viel Spaß zusammen haben, denke ich auch gar nicht groß darüber nach, wie viel Nahrung ich dort in kürzester Zeit zu mir nehme. Warum sollte ich mir auch Gedanken darüber machen, wenn ich so glücklich bin? Ich lasse mir den Spaß doch nicht von blöden Kalorien verderben!

Einmal fahren wir nachmittags in die Stadt und probieren alles an Klamotten an, was wir in den Läden so aufgabeln können. In den Umkleidekabinen machen wir dann Fotos von uns: mit Sommerkleidern, hohen Schuhen, eleganten Röcken und Hüten. Später sitzen wir bei Subway und essen mal wieder gemeinsam, während wir uns die Fotos aus den Umkleiden auf meiner Kamera anschauen. Auf den Fotos sehe ich auf einmal, dass ich ganz schön kräftig neben Louise aussehe. Meine Arme sind irgendwie dicker als ihre und auch meine Hüften sind viel breiter. Aber ganz so schlimm finde ich das nicht. Die gute Laune, die mir unser gemeinsamer Tag beschert hat, lasse ich mir durch so ein paar Fotos bestimmt nicht verderben!

*

Es dauert nicht lange, bis ich die acht Kilo, die ich mir so eisern runtergehungert hatte, wieder drauf habe. Ich nehme sogar noch ein Kilo mehr zu, als ich durch die Wette abgenommen hatte, und wiege bereits einen Monat nach meinem Erfolg 68 Kilo.

Ich selbst bekomme gar nicht mit, wie schnell ich wieder zum Moppelchen werde. Erst als ich höre, wie Shellys Mutter zu meiner Mama sagt: »Laura ist aber wieder ganz schön dick geworden«, legt sich bei mir ein Schalter um und ich begreife, dass ich alles, was ich durch die Wette erreicht hatte, bereits wieder verloren habe. Diese Erkenntnis tut weh. Ich muss etwas ändern, beschließe ich, und starte erneut einen Versuch abzunehmen.

Rückblick von Lauras Freundin Shelly

Ich kann mich noch genau daran erinnern, wie motiviert wir damals waren, als wir beschlossen, gemeinsam abzunehmen. Laura und ich haben etwa drei Mal die Woche im Fitnessstudio trainiert. Ich bin gern mit Lau trainieren gegangen, weil sie dieselben Ziele verfolgt hat wie ich. Wir wollten beide abnehmen, gut aussehen, uns in unserem Körper wohlfühlen. Und wir haben uns gegenseitig angespornt: Oft redeten wir darüber, wie viel wir noch abnehmen wollten, wie viel wir am Tag aßen oder bei welchem Gewicht unser Ziel lag. Über einen langen Zeitraum hinweg ging das auch alles gut. Keine von uns beiden trieb es zu weit und es gab keinen Grund, sich Sorgen zu machen.

Bis wir eines Tages auf die Idee kamen, eine Wette abzuschließen: Wer von uns beiden würde wohl als Erste die Zahl 59 auf der Waage sehen?

Nach Absprache dieser Wette war ich supermotiviert, denn in der Regel kann ich meine Ziele besser erreichen, wenn etwas Druck dahintersteckt. Ich wollte das vereinbarte Gewicht erreichen, und zwar schneller als Laura.

Ich konnte nicht ahnen, dass diese Wette in einer Katastrophe enden würde. Ich habe weniger gegessen, mehr Sport gemacht, aber irgendwie bin ich doch immer wieder rückfällig geworden, was das Essen betrifft – denn ich liebe Süßigkeiten! Und im Endeffekt zeigte mir das doch nur, dass mein Verhalten noch gesund war.

Auch in Bezug auf Laura dachte ich mir nichts bei der Wette. Ich war mir sicher, dass sie ihre Grenzen kennt. Nicht einmal ansatzweise habe ich daran gedacht, dass unsere Wette der Beginn einer solchen Geschichte sein könnte, denn auch Laura hat immer gern gegessen.

Irgendwie war ich sogar der Überzeugung, dass wir es im Endeffekt beide nicht schaffen und irgendwann darüber lachen würden, so eine dämliche Wette abgeschlossen zu haben. Dämlich finde ich die Wette zwar mittlerweile wirklich, darüber lachen kann ich jedoch nicht.

Laura war die Erste, die es von uns beiden schaffte. Als sie daraufhin aber wieder zunahm, schmunzelte ich zunächst, denn ich hatte mir ja schon gedacht, dass wir beide es auf Dauer nicht aushalten würden, weniger zu essen.

MÄRZ

Meine Stiefgroßeltern feiern Goldene Hochzeit und laden uns zum Brunch in ein teures Restaurant ein. Ich nehme mir vor, noch ein letztes Mal das zu machen, was ich am liebsten tue: richtig viel essen. Ein allerletztes Mal.

Auf der Hochzeit verdrücke ich zwei oder drei Brötchen mit Butter und Käse, einen Teller voll Erdbeeren, leckere Eiscreme und ein großes Stück Kuchen. Dann ist Schluss, ein für alle Mal. Nach dem Brunch esse ich den ganzen Tag nichts mehr.

Es muss dringend mehr Kontrolle in mein Leben, das steht fest.

Zu Hause zeichne ich ein großes Diagramm in meinen Block, in das ich von nun an jeden Morgen mein Gewicht eintragen will. Auf der Gewichtsachse notiere ich zusätzlich den Body-Mass-Index, den ich mit dem jeweiligen Gewicht habe.

Den ersten Punkt mache ich bei 68 Kilo, so viel wiege ich. Bei 62 male ich eine grüne Linie über das ganze Blatt. Da will ich hin! Wenn ich das schaffe, bin ich erst mal zufrieden. Auf der Seite dahinter fertige ich eine Tabelle an, die zu meinem neuen Esstagebuch werden soll. Von nun an will ich alles, was ich tagsüber esse, mit Kalorienangaben notieren.

*

Dieses Mal geht alles noch viel schneller. Meine Gedanken kreisen mehr und mehr um das Thema Abnehmen und ich kann es kaum erwarten, meine neue Traumfigur zu erlangen. Von einem auf den anderen Tag wechsle ich wieder vom Fressen zum Hungern. Ich rede mir ein, keine Zeit mehr zu haben, um die Sache langsam anzugehen. Ich will Erfolge sehen, und zwar schnell!

Die Eiweißshakes haben mein Vertrauen verloren, nachdem die letzte Diät gescheitert ist, also muss ich mir neue Methoden überlegen, die mir zum Erfolg verhelfen. Zum ersten Mal untersuche ich die Nährwerttabellen auf den Verpackungen der Lebensmittel genauer, für die ich mich früher nie interessiert habe. Dadurch entwickle ich langsam ein Gefühl dafür, welches Essen gut und welches eher schlecht für die Figur ist. Süßigkeiten kann ich ja sowieso schon mal von meiner Einkaufsliste streichen. Getränke mit Kalorien sind auch gefährlich, stelle ich bei meinen Untersuchungen der Kalorienangaben fest: Ein Glas Orangensaft hat schon so viele Kalorien wie eine Scheibe Brot! Säfte sind von nun an also auch tabu. Obst und Gemüse hingegen kann ich ohne schlechtes Gewissen essen, das hat alles nicht viele Kalorien und kaum Fett. Auch Knäckebrot und Reiswaffeln eignen sich super zum Abnehmen. Davon wird man einigermaßen satt, obwohl man kaum etwas zu sich nimmt.

Für die nächsten zwei Wochen nehme ich mir vor, an keinem Tag über 800 Kalorien zu kommen. Damit ich auch ganz sicher sein kann, wie viele Kalorien ich zu mir nehme, wiege ich alle Lebensmittel ab und berechne anhand der 100-Gramm-Kalorienangabe auf dem jeweiligen Produkt den Kaloriengehalt der Portion.

Ich wiege unbeschmierte Toastscheiben ab, da ich den Angaben auf der Verpackung nicht traue. Nachdem ich den Toast mit einer dünnen Schicht Diät-Marmelade bestrichen habe, wiege ich ihn erneut und errechne anhand der Gewichtsdifferenz die Kalorien der Marmeladenportion.

Auch bei Bananen und Äpfeln wiege ich vor dem Essen die ganze Frucht und danach die übrig gebliebene Schale beziehungsweise das Kerngehäuse, um mir über das Gewicht der tatsächlich verzehrten Menge ganz sicher sein zu können.

An einem Tag frühstücke ich zum Beispiel vier Scheiben Knäckebrot (100 Kalorien) mit Marmelade (40 Kalorien), zu Mittag gibt es eine Instantsuppe (45 Kalorien), zum Abendbrot noch mal drei Scheiben Knäckebrot (75 Kalorien) mit je zwei dünnen Putenbrustscheiben (45 Kalorien), natürlich ohne Butter, und zwischendurch noch zwei Äpfel (140 Kalorien). Macht zusammen 445 Kalorien. Ich bleibe also weit unter den 800 Kalorien, die ich mir als Obergrenze gesetzt habe. Von den 2.000 Kalorien, die mir als Frau am Tag eigentlich zustehen, nehme ich nicht einmal ein Viertel zu mir.

Zusätzlich mache ich viel Sport. Mindestens drei Mal in der Woche gehe ich ins Fitnessstudio oder joggen, wenn ich es einrichten kann, noch öfter. Mit dieser Methode schaffe ich es, in weniger als zwei Wochen wieder sechs Kilo abzunehmen. Ich wiege 62 Kilo und habe die grüne Linie auf meinem Gewichtsdiagramm erreicht. Doch ich bin alles andere als zufrieden damit und stecke noch voller Motivation, meine Diät fortzuführen, schließlich habe ich bei Shellys und meiner Wette ein noch viel niedrigeres Gewicht erreicht. Ich zeichne also ein Stück tiefer noch eine zweite Linie in mein Gewichtsdiagramm. Die 60 soll es jetzt sein. Mit 60 Kilo sehe ich bestimmt schön schlank aus. Auf mein neues Gewicht freue ich mich jetzt schon.

Rückblick von Lauras Freundin Shelly

Eines Tages, als wir mal wieder verabredet waren, wurde mir zum ersten Mal so richtig bewusst, was unsere Wette, die uns so unbedenklich vorgekommen war, angerichtet hatte. Nicht an Lauras Körper, sondern in ihrem Kopf.

Sie erzählte mir freudestrahlend, dass sie jetzt eine sogenannte Model-Diät mache, bei der sie am Tag nur 200 Gramm Magerquark und ein Ei zu sich nehme. Das hielt ich nicht mehr für normal.

Ich spürte, wie sie sich für ihren Traumkörper abquälte, wie viel sie aufgab, nur um dünn zu sein. Ich kann die Gedanken nicht beschreiben, die mir durch den Kopf gingen, als ich die Worte »Model« und »Magerquark« aus ihrem Mund hörte. Von diesem Zeitpunkt an war mir klar, dass sich was ändern musste. Aber keiner, dem ich von meinen Bedenken erzählte, glaubte mir – denn ihr Gewicht war ja noch normal.

Dass diese Krankheit meist im Kopf beginnt, wollte damals noch niemand wahrhaben. Laura nahm immer mehr ab und veränderte sich, nicht nur körperlich. Sie war plötzlich nicht mehr die fröhliche Lau, die ich seit zehn Jahren kannte, mit der ich Quatsch machen konnte bis zum Umfallen.

Es begann ein großer Kampf, mit dem keiner gerechnet hatte, nicht bei Laura, die sonst immer ein so glücklicher Mensch gewesen war.

Im Internet stoße ich auf die Regenbogendiät. Bei dieser Diät darf man eine Woche lang jeden Tag nur Obst und Gemüse einer bestimmten Farbe und in vorgeschriebener Menge essen. Die Regeln der Diät sind streng, aber sie versprechen Erfolg, und genau das will ich, also führe ich sie durch.

Am Montag teile ich mir einen einzigen Apfel für Frühstück und Mittagessen ein, zum Abendbrot esse ich eine Gurke. Dienstag gibt es zwei Bananen und einen halben Maiskolben. Am Mittwoch darf ich gar nichts essen und der Donnerstag hält eine Orange und eine Karotte für mich bereit. Wie die anderen Tage dieser Diät aussehen, kann man sich nun ungefähr vorstellen. Insgesamt nehme ich während der ganzen Woche keine 600 Kalorien zu mir, und das während der Schulzeit, in der ich immer besonders starken Hunger verspüre. Doch ich denke an den Satz, den Kate Moss einst gesagt hat: »Nichts schmeckt so gut, wie sich dünn sein anfühlt.« Diesen Satz rufe ich mir zur Motivation immer wieder ins Gedächtnis, bis ich ihn bald selbst glaube.

Bei meiner Diät darf natürlich auch das Sportprogramm nicht fehlen, und so nutze ich jede Gelegenheit, um mich in Bewegung zu halten. Normale Verabredungen mit Freunden sind nicht mehr möglich, denn vom Rumsitzen und Essen wird man ja fett.

Jenny, eine sehr gute Freundin von mir, kann sich zu meinem Glück ziemlich für sportliche Aktivitäten begeistern, darum nutze ich unsere Treffen, um gemeinsam mit ihr Kalorien abzutrainieren.

In der Woche, in der ich die Regenbogendiät mache, legen wir eine weite Strecke mit unseren Inlinern zurück. Beim Skaten erzähle ich ihr von der Diät, die ich gerade mache.

»Ist das dein Ernst?«, fragt sie mich erschrocken.

»Ja. Warum denn nicht? So nehme ich endlich mal ein bisschen ab, und das Ganze geht ja auch nur eine Woche.«

Mein Entschluss steht fest: Ich werde diese Diät bis zum Ende durchhalten und mich von niemandem davon abbringen lassen!

»Aber ist das nicht wahnsinnig gefährlich, so wenig zu essen?« Jenny schaut mich ganz entsetzt an. »Du kannst dich doch dann gar nicht mehr richtig auf die Schule konzentrieren!«

»Ach, das bekomme ich schon hin«, versuche ich, die Bedenken meiner besorgten Freundin zu zerstreuen.

Es ist anstrengend, ständig gegen alle anreden zu müssen, die nicht verstehen wollen, dass ich unbedingt ein paar Kilo verlieren muss. Dabei ist es doch offensichtlich!

»Ich finde das nicht gut, Lauri …«

Ich weiche Jennys Blick aus, mir fehlen die Worte. Es hat überhaupt keinen Sinn, irgendjemandem zu erklären, warum ich so dringend abnehmen will. Verdammt! Warum sieht es denn keiner? Überall ist Fett: auf meinen Hüften, an meinen Beinen – sogar meine Arme sind überdimensional!

Als wir unsere Inlinertour beendet haben, gehe ich noch mit zu Jenny nach Hause. In einer halben Stunde will ihr Freund Tim vorbeikommen und während wir auf ihn warten, darf ich mir immer wieder Jennys Bitten anhören, ich möge doch mit dem Hungern aufhören.

Ich spiele die Situation herunter. So schlimm sei es ja alles gar nicht. Sie habe da wohl was falsch verstanden. Natürlich äße ich noch jeden Abend gemeinsam mit meinen Eltern zu Abend, denn eine richtige Mahlzeit am Tag sei wichtig für mich. Meine Lügen sind so gut, ich glaube sie mir fast schon selbst.

Die Türklingel läutet und Tim gesellt sich zu uns.

»Ich habe einen Bärenhunger!«, sagt er. »Was haltet ihr von Burger King?«

Begeisterung. Nur bei mir nicht. Aber ich halte den Mund.

Es hat überhaupt keinen Sinn, irgendjemandem zu erklären, warum ich so dringend abnehmen will. Verdammt! Warum sieht es denn keiner? Überall ist Fett: auf meinen Hüften, an meinen Beinen – sogar meine Arme sind überdimensional!

Zehn Minuten später sitzen wir dann also tatsächlich in dem Fast-Food-Restaurant. Der fettige Geruch, der im Raum hängt, widert mich fürchterlich an. Jenny und Tim stellen sich an der Schlange an, während ich mich schon mal hinsetze und einen Tisch für uns freihalte.

»Willst du denn gar nichts?«, fragt mich Tim, als er mit seinem Tablett neben mir Platz nimmt.

»Nein, ich habe irgendwie gar keinen Hunger.«

»Das glaube ich dir nicht! Guck mal, auf so leckere Pommes kann doch niemand freiwillig verzichten!« Er fuchtelt mir mit einer wabbeligen Pommes vor der Nase rum.

»Du darfst gern welche von mir abhaben, bedien dich!«, lädt er mich zum Mitessen ein.

Doch ich bleibe stark. Nicht eine einzige Pommes wandert an diesem Tag über meine Lippen.

Am Ende der Woche hat mir die Regenbogendiät einen Gewichtsverlust von 3,5 Kilo eingebracht. Als ich das Ergebnis auf der Waage sehe, spüre ich erneut ein unglaubliches Hochgefühl: 58,5 Kilo wiege ich jetzt, weniger als nach Shellys und meiner Wette! Abnehmen macht Spaß, denke ich, und nehme mir vor, noch ein kleines bisschen mehr Gewicht zu verlieren.

*

Die Osterferien beginnen und ich habe Lust, in meiner freien Zeit mal wieder ein gutes Buch zu lesen. Eins über Magersucht soll es sein, denn nichts interessiert mich mehr als dieses Thema. So ein Buch wird mich sicher noch mehr dazu anregen, abzunehmen, und vielleicht entdecke ich darin ja auch noch ein paar ganz hilfreiche Tipps, wie man seine Pfunde am schnellsten loswird. Ich habe schon mal ein Buch von einer Freundin gelesen, in dem es ebenfalls um Magersucht ging, aber das ist ewig her und damals interessierte mich das Thema auch nur beiläufig. Mit meiner neuen Lektüre setze ich mich in den Garten und beginne zu lesen. Die Frühlingssonne ist schon kräftiger geworden und wärmt meinen ganzen Körper. Von der Geschichte bin ich so gefesselt, dass ich alles andere um mich herum vergesse. Die magersüchtige Protagonistin beeindruckt mich, und ich spüre den Wunsch, genauso diszipliniert zu sein wie sie. Die Schattenseiten der Krankheit, die in dem Buch erwähnt werden, lassen mich kalt.

Gleich am nächsten Tag sortiere ich alle Süßigkeiten aus, die sich in meinem Schrank angesammelt haben. Oma Herti gibt mir jedes Mal, wenn ich bei ihr zu Besuch bin, Schokolade, Kekse oder Weingummis mit. In den letzten Wochen habe ich ihre Geschenke allerdings nicht mehr angerührt und direkt im Schrank verstaut.

Ich schenke die Süßigkeiten meiner Mutter, die sich darüber freut. Und auch ich freue mich, weil ich diese fiesen Dickmacher endlich los bin.

Mein nächster Weg führt in den Supermarkt. Minutenlang schleiche ich um die Regale herum und schaue mir die Nährwerttabellen von allen Lebensmitteln an, die gut für meine Diät sein könnten. Doch ich stelle schnell fest: Da gibt es nicht mehr viel für mich. An diesem Tag verlasse ich den Supermarkt deswegen nur mit einer Packung Magerquark. Der hat 69 Kalorien auf 100 Gramm, das ist in Ordnung und sollte für die Mittagsmahlzeiten der nächsten Tage reichen.

*

Mama und mein Stiefvater Michi, der auch bei uns wohnt, wissen, dass ich eine Diät mache, um mein Gewicht etwas zu reduzieren. Dass meine Diät aber so ins Extreme ausgeartet ist, davon haben sie bisher nichts mitbekommen. Jetzt, wo ich zum Mittag nur noch Magerquark zu mir nehme, beginnen sie allerdings zu ahnen, dass da etwas schiefläuft.

»Das kann doch nicht dein Ernst sein, immer nur diesen Magerquark zu Mittag zu essen!«, muss ich mir von meinem Stiefvater anhören, und gleich im nächsten Moment: »Übertreib es bitte nicht, Laura. Du hast doch jetzt schon mehr als genug abgenommen!«, von meiner Mutter.

Auch Oma Herti, die mich eigentlich nur zwei Mal in der Woche sieht, bemerkt mein verändertes Essverhalten. In der Vergangenheit habe ich sie immer gern besucht. Bei ihr gibt es das köstlichste Essen und jedes Mal darf ich davon so viel essen, wie ich will. Oma Herti hat nie zu mir gesagt: »Jetzt hast du aber genug gegessen. Wenn du so weitermachst, wirst du noch dick.«

In meinen Freistunden habe ich sie deswegen häufig besucht und jedes Mal locker fünf Toastbrote mit Butter und dicken Salamischeiben oder fettigem Käse weggefuttert – einfach so, zwischen Frühstück und Mittagessen. Da fällt es meiner Oma jetzt nicht sehr schwer, den Unterschied festzustellen, als ich ihr Angebot zum Toastbrotessen zwischendurch auf einmal dankend ablehne.

Als ich eines Tages gerade nach Hause komme, bekomme ich zufällig ein Telefonat zwischen meiner Mutter und Oma Herti mit. »… Ja, das ist wirklich nicht gesund. Wenn sie so weitermacht, dann gibt es bald Ärger«, höre ich meine Mutter sagen.

Ich bin erschrocken, dass sich alle so schnell Sorgen um mich machen. Ich bin doch gerade mal seit ein paar Wochen auf Diät und noch nicht mal richtig dünn. Von nun an, beschließe ich, werde ich niemanden mehr in mein Vorhaben einweihen und einfach heimlich weiter abnehmen.

*

Ich ernähre mich immer noch so kalorienarm wie möglich, doch an meinem Gewicht ändert sich kaum was. Ich halte mich seit den letzten Tagen bei 59,5 Kilo auf, weil ich sofort nach der Regenbogendiät wieder ein Kilo zugenommen habe. Dabei will ich noch viel weiter runter. Ich richte also einmal in der Woche einen sogenannten Refeed Day ein: Das ist ein Tag, an dem man seine Kalorienzufuhr während einer Diät kurzfristig verdoppelt, um den Stoffwechsel wieder auf Trab zu bringen. Dadurch soll verhindert werden, dass sich der Körper an die niedrige Energiezufuhr anpasst und den täglichen Grundumsatz an Kalorien senkt. Man nimmt also danach wieder schneller ab.

Obwohl es mir schwerfällt, wieder mehr zu essen, schaffe ich an diesem Tag um die 1.000 Kalorien, und siehe da: Mein Körper ist in den nächsten Tagen tatsächlich wieder in der Lage, Gewicht zu verlieren.

Noch in der ersten Osterferienwoche zeigt mir die Waage wieder 59 Kilo an. Ein großes Triumphgefühl breitet sich in mir aus. Dass es mit meiner Gewichtsabnahme doch weiter vorangeht, beflügelt mich geradezu. Ich hatte zwar nie vor, weniger als 59 Kilo zu wiegen, aber es läuft gerade alles so gut und warum sollte ich mich wieder dem Essen hingeben, wenn ich doch gerade so motiviert bin, nichts zu essen? Ein paar Kilo weniger würden mir auch nicht schaden. Man kann ja nie wissen, wann der nächste Fressanfall kommt, und dann ist es doch gut, wenn man schon mal vorgesorgt hat.

*

Im Laufe der Ferien bemerke ich langsam die ersten Warnsignale meines Körpers. Obwohl die Tage zunehmend wärmer und sonniger werden, ist mir ständig kalt. Ich kann mich mitten in die Sonne legen, mir Jacken über meine Frühlingsoutfits ziehen oder heißen Tee trinken, aber die Kälte in mir will einfach nicht weichen. Jeden Abend fülle ich mir eine Wärmflasche mit kochendem Wasser auf, damit ich vor lauter Frösteln überhaupt einschlafen kann. Mein Körper hat keine Kraft mehr, um sich selbst aufzuwärmen. Er braucht die Energie für andere, lebenswichtige Funktionen.

Auch aufzustehen, ohne dass mir danach schwindlig wird, ist nicht mehr möglich. Wenn ich längere Zeit auf einem Stuhl sitze und danach wieder aufstehen will, muss ich mich erst mal an ihm festhalten und warten, bis die Schwärze vor meinen Augen wieder verschwindet. Ich komme mir dabei jedes Mal so vor wie eine alte Frau. Und auch meine Nächte werden immer kürzer. Eine Nacht, in der ich durchschlafe, gibt es nicht mehr. Jede Nacht aufs Neue sucht mich der Hunger heim.

Ich esse tagsüber immer weniger und werde mit der Zeit ziemlich erfinderisch, was die Wahl meiner Lebensmittel betrifft. An einem Tag teile ich mir ein einziges Glas Baby-Grießbrei (136 Kalorien) so ein, dass es für Frühstück und Abendbrot reicht, zu Mittag esse ich zwei Teller Möhrensuppe (108 Kalorien). Am nächsten reduziere ich meine Nahrung erneut und nehme über den Tag verteilt nur noch ein Glas Babybrei aus pürierten Früchten (110 Kalorien) zu mir. Danach liege ich stundenlang wach und will dem Hunger nicht nachgeben. Ich kann vor lauter Hunger aber auch nicht mehr einschlafen, und so schleichen sich Nacht für Nacht quälende Gedanken in meinen Kopf.

Wie werde ich den nächsten Tag rumkriegen, ohne etwas zu essen? Wie soll ich die kommenden Wochen meistern, ohne wieder zuzunehmen? Was antworte ich, wenn mich jemand fragt, weshalb ich nur noch so wenig esse?

Die Tage verbringe ich damit, mich mit meiner letzten Kraft zu bewegen, um noch mehr Kalorien zu verbrennen. Es gibt kaum einen Tag, an dem ich mich nicht aufs Fahrrad schwinge, durch den Wald jogge oder einen Kurs im Fitnessstudio besuche.

Rückblick von Lauras Mutter

Eigentlich hätte ich Laura gar nicht mehr zum Sport lassen dürfen. Sie ging kraftlos und auf klapprigen Beinen noch fast jeden Tag joggen oder fuhr mit dem Rad durch zentimeterhohen Schnee ins Fitnessstudio. Aber ich hatte keine Ahnung. Ich wusste nicht, wie schwach meine Tochter schon war und wie häufig ihr schwarz vor Augen wurde.

In der zweiten Woche der Osterferien liegt ein einwöchiger Urlaub auf der Baleareninsel Mallorca vor mir. Zusammen mit meiner Mutter, meinem Stiefvater Michi und der jüngeren meiner zwei Stiefschwestern, Maddi, fliege ich über die Ostertage dorthin. Aileen, meine ältere Stiefschwester, kommt zum ersten Mal nicht mit uns mit, weil sie mit einer Freundin zusammen Urlaub macht.

Meine eineinhalb Eltern haben ein Hotel mit All-inclusive-Verpflegung gebucht, was ein riesengroßer Albtraum für mich ist. Ich habe eine riesige Angst davor, im Urlaub die Kontrolle über das Essen zu verlieren. Während der ohnehin schon schlaflosen Nächte in meinem Bett zerbreche ich mir jetzt also auch noch den Kopf darüber, wie ich den anstehenden Urlaub überstehen soll, ohne die verlorenen Kilos wieder zuzunehmen.

Bin ich schon so stark, dass ich dem verführerischen Büfett widerstehen kann? Und was, wenn nicht? Wie viel würde ich wohl in dieser einen Woche zunehmen? Und wie lange würde es danach dauern, das alles wieder runterzubekommen?

Ich überlege jetzt schon, was es bei so einem Büfett alles geben könnte, und recherchiere von allem, was mir einfällt, die Kalorien- und Fettangaben im Internet. Die Angaben schreibe ich auf eine Liste, um auch im Urlaub die Kontrolle über meine Kalorienaufnahme zu behalten.

Am Tag vor der Abreise werde ich auf einmal von einem Gefühl der Resignation überfallen. Egal, denke ich. Ich habe mich damit abgefunden, dass ich im Urlaub sowieso wieder zunehmen werde, also kann ich doch auch gleich wieder mit dem Essen beginnen. Ich fange damit an, dass ich die Cornflakes-Packung, die ich noch im Schrank finde, leer esse. Am selben Tag bin ich auch noch auf den Geburtstag von Louise zum

Kuchenessen eingeladen. Was soll's, rede ich mir ein, jetzt ist sowieso alles egal. Ich habe ja schon längst wieder aufgegeben. Und so esse ich an diesem Tag noch vier Stück Kuchen und gehe am Abend mit schmerzendem Magen und schlechtem Gewissen schlafen.

*

Im Urlaub kommt dann doch alles anders als erwartet. Den ersten Tag nehme ich mir noch vor, wie ein normaler Mensch zu essen und mich über das Büfett zu freuen. Doch nach dem Abendbrot plagen mich erneut schlimme Magenschmerzen. Ich bin einfach nicht mehr an so viel Nahrung gewöhnt. Was für andere normal ist, verursacht bei mir Krämpfe im Bauch. Darum führe ich meine Diät ab dem zweiten Tag auf Mallorca fort. Ich habe ja nichts zu verlieren außer Kilos, und das ist ein Gewinn für mich.

Ich gehe von nun an Morgen für Morgen zu der Ecke des Büffets, die mit diätetischen Lebensmitteln eingedeckt ist, und hole mir eine Schale Vollkornflakes zum Frühstück. Die haben fast kein Fett, ich befinde mich also auf der sicheren Seite. Ich esse sie natürlich trocken. Cornflakes und Milch zusammen, nein, das geht nicht, das ist zu viel. Das würde ja alle Maßstäbe sprengen!

Als wir am ersten Tag faul auf unseren Liegen am Pool entspannen und die Sonne genießen, kommen wieder negative Gefühle in mir hoch. Was glaube ich eigentlich, wer ich bin? Hier im Urlaub einfach nur rumzuliegen und nichts zu tun! Ich verschwende ja meine Zeit, ich könnte genauso gut etwas Sinnvolles tun. Kalorien verbrennen zum Beispiel.

Und so schwimme ich Tag für Tag zwei Mal für je eine halbe Stunde im Pool des Hotels auf und ab. Da es noch April ist,

In meinem Kopf schreie ich mich immer wieder an: »Na los, du fette Kuh, jetzt lauf schon weiter! Du willst ja wohl nicht schlappmachen! Guck dich doch mal an! Wenn du jetzt aufgibst, dann wirst du nie dünn sein!«

sind auch die Temperaturen auf der Insel noch nicht besonders sommerlich. Kaum einer außer mir betritt den Pool, da das Wasser einfach noch zu kalt ist. Mir kommt die Kälte allerdings sehr gelegen, denn Frieren verbrennt ja auch Kalorien.

Wenn ich nicht gerade im Pool bin, dann befinde ich mich auf dem Weg zur Steilküste. Die Steilküste ist perfekt zum Joggen. Ein unendlich langer Pfad aus Sand, der in die Höhe führt. Der Weg bietet keine Möglichkeit, um vorzeitig eine Abkürzung zu nehmen, und so bin ich quasi dazu gezwungen, meine Joggingtour bis zum Ende durchzuhalten. Es strengt mich an, auf dem sandigen Boden zu laufen, sodass mir schon nach den ersten fünf Minuten der Schweiß von der Nase tropft. Und dann brennt auch noch die heiße Sonne auf mich herab. Aber ich laufe einfach weiter und immer weiter. Eine halbe Stunde muss ich mindestens durchhalten, sonst bin ich eine Versagerin. In meinem Kopf schreie ich mich immer wieder an: »Na los, du fette Kuh, jetzt lauf schon weiter! Du willst ja wohl nicht schlappmachen! Guck dich doch mal an! Wenn du jetzt aufgibst, dann wirst du nie dünn sein!«

Während ich hartnäckig mein Sportprogramm durchziehe, sonnen sich die drei anderen weiter auf ihren Liegen, schlürfen süße Cocktails und kühlen sich gelegentlich mit Schoko- oder Vanilleeis ab, das man dank des All-inclusive-Angebots umsonst bekommt. Von mir bleibt dieses Angebot jedoch ungenutzt.

*

Der schlimmste Tag im Urlaub ist dann der Donnerstag. In unserem Hotel gibt es jeden Donnerstagabend ein großes Gala-Büfett, welches nur das Feinste vom Feinsten zu bieten hat. Übersetzt heißt das für mich, dass es die größten Kalorienbomben bereithält und ich Gefahr laufe, dem guten Essen nicht widerstehen zu können. Wir haben schließlich für diesen Luxus bezahlt. Wer wäre ich, würde ich mir an diesem Abend nur eine Gemüsesuppe holen?

Auch meine Familie redet mir ins Gewissen, ich solle doch wenigstens an diesem Tag mal mehr essen als sonst. Ich höre auf das, was sie sagen. Ich esse. Aber ich esse viel zu viel.

Eine Riesengier packt mich. Ich will am liebsten von all den feinen Sachen kosten. Ich hole mir Nudeln und Reis und Garnelen und Pommes und Salat und Eis. Anschließend fragt mich meine Stiefschwester, ob ich nicht noch ein Stück Schokokuchen mit ihr essen will. Schokokuchen habe ich lange nicht mehr gegessen und jetzt ist es eh schon zu spät, um diesen Tag mit einer erfolgreichen Kalorienbilanz zu beenden. Ich stimme also zu und gehe mit ihr noch einmal zum Kuchenbüfett, obwohl mein Bauch jetzt schon wehtut. Nach dem Kuchen habe ich dann auch noch Lust auf was Gesundes und hole mir eine Schale mit Erdbeeren als Nachtisch.

Erst hinterher wird mir so langsam bewusst, was für eine Sünde ich da gerade begangen habe. Es setzen mal wieder Magenkrämpfe ein, dieses Mal aber um einiges schlimmer als sonst. Es ist kaum auszuhalten, so sehr schmerzt mein Bauch. Ich umklammere ihn mit beiden Armen, aber das hilft nicht. Ich fühle mich in diesem Moment so widerlich, abartig und fett.

Das Ganze stimmt mich so aggressiv, dass ich am Esstisch damit beginne, über dieses viel zu große und kalorienreiche Büfett zu meckern. Dass ich mich ganz ekelhaft fühle und kotzen könnte. Und dass ich alles bereue, was ich je in diesem Urlaub gegessen habe. Wie ich es überhaupt so weit habe kommen lassen können, Essen von hier anzurühren! Ich kämpfe mit den Tränen.

»Ich glaube, wir müssen zu Hause mal ein ernstes Wörtchen miteinander reden!«, ruft mir Michi verärgert über den Tisch hinweg zu. Das ist zu viel für mich. Ich stehe auf, lasse meine

Familie allein am Tisch zurück und laufe zu den Hoteltoiletten. Ich verschließe die Tür hinter mir und spiele zum ersten Mal in meinem Leben mit dem Gedanken, mich selbst zum Übergeben zu bringen, um das Gegessene wieder loszuwerden. Ich beuge mich über den Klodeckel und stecke mir den Finger in den Hals, aber nichts bringe ich hervor außer Würgegeräusche. Mist, denke ich, das ist zu laut. Was ist, wenn das jemand mitbekommt? Was, wenn Maddi oder Mama genau jetzt auch zu den Toiletten gehen und mich hören? Ich muss mir schnell einen anderen Ort suchen, also verlasse ich das Hotel und renne in Richtung Steilküste.

Das viele Essen kann ich einfach unmöglich in meinem Magen behalten. Immer schneller renne ich. Immer weiter die Steilküste hinauf, auf der Suche nach einem versteckten Platz, an dem mich niemand sieht. Die Arme schlinge ich dabei fest um meinen schmerzenden Bauch, damit das ganze Essen nicht noch tiefer den Magen hinabrutschen kann. Die Tränen unterdrücke ich immer noch, in der Hoffnung, dass mir die Touristen, an denen ich vorbeirenne, mein Elend nicht ansehen können. Dabei macht es keinen großen Unterschied, ob ich nun weine oder nicht. Meine Stimmung steht mir ins Gesicht geschrieben. Niemand, der mich jetzt sieht, würde auf den Gedanken kommen, dass mit mir alles okay ist.

Auf der Steilküste finde ich endlich eine Stelle, wie ich sie gesucht habe. Es ist ein Platz, versteckt hinter Büschen und einer Steinmauer, an dem mich niemand sehen kann. Mir ist noch immer ganz übel und der Wunsch, das Gegessene wieder loszuwerden, wächst und wächst. Für mich steht fest, dass es nur noch diese eine Möglichkeit gibt, mich vor dem großen Verderben zu retten: Ich muss mich übergeben. Jetzt!

Ich habe mich noch nie in meinem Leben übergeben, zumindest nicht mit Absicht. Und mir ist auch klar, dass das, was ich vorhabe, alles andere als gesund für meinen Körper ist. Aber gesund ist es auch nicht, wie ich mich sonst ernähre. Was macht es also noch für einen Unterschied, ob ich jetzt kotze oder tatenlos dabei zusehe, wie ich wieder dick werde?

Es klappt dann aber gar nicht so leicht, wie ich mir das immer vorgestellt habe. Ich stecke mir den Finger immer wieder mit Gewalt in meinen Hals, aber nichts passiert. Ich will schon fast aufgeben, als es mir plötzlich doch noch gelingt. Ich werde allerdings nur die Erdbeeren los, die ich zum Schluss gegessen habe. Vom Kotzen bekomme ich ganz tränende Augen, und schwindlig wird mir auch. Mein Kreislauf dreht fast durch.

Ich verlasse mein Versteck und will wieder zurück zum Hotel gehen, weil ich dermaßen erschöpft vom Erbrechen bin. Aber das schlechte Gewissen holt mich ein und lässt mich noch einmal umkehren. Da ist noch so viel Fettiges in meinem Magen, das darf einfach nicht in mir drin bleiben! Ich stecke mir den Finger noch einmal in den Hals und werde den Schokokuchen los. Danach geht gar nichts mehr, und ich bin auch nicht mehr wirklich in der Lage dazu, damit weiterzumachen. Alles dreht sich in diesem Augenblick und ich fühle mich so, als würde ich im nächsten Moment zusammenbrechen.

Ich gehe die Steilküste wieder hinab und auf den Strand zu, um meine Hände im Meer zu waschen. Was meine Familie wohl gerade macht? Ob sie auf der Suche nach mir sind? Und was erzähle ich ihnen bloß, falls ich ihnen gleich auf dem Weg zum Hotel begegne?

Ich verzweifle fast vor Angst, aber wenigstens bin ich jetzt die Magenkrämpfe los. Ich beschließe, für den Fall, dass mir die anderen gleich wirklich entgegenkommen, ein paar Muscheln am Strand zu sammeln, um eine Ausrede für meine plötzliche Flucht aus dem Hotel zu haben.

Tatsächlich dauert es nicht lange, bis ich sie treffe. Als sie fragen, wohin ich denn auf einmal verschwunden sei, lüge ich ihnen direkt ins Gesicht, dass ich nur Muscheln gesammelt habe, und zeige ihnen stolz meine vollen Hände. Sie glauben die Lüge und am Abend wasche ich die Sünde unter der Hoteldusche von mir ab. Danach atme ich auf. Alles ist wieder gut.

Die letzten Tage im Urlaub esse ich nicht mehr sehr viel und mache noch mehr Sport als zuvor. Der Tag unserer Heimfahrt rückt immer näher und meine Angst, das schockierende Ergebnis dieser Woche zu Hause auf der Waage zu sehen, wird mit jedem Tag größer.

*

Wieder daheim, stürze ich sofort ins Bad, reiße alle Klamotten von mir, halte die Luft an und stelle mich auf die Waage. Als ich das Ergebnis sehe, traue ich meinen Augen kaum: 57 Kilo! Ich habe zwei Kilo im Urlaub abgenommen, während andere Leute dort zunehmen! Ich bin glücklich wie lange nicht mehr. Es sieht so gut aus, wenn der Zeiger auf der Waage so weit von der 60 entfernt ist. So weit unter der 60 war der Zeiger noch nie! Es war also doch nicht alles umsonst, denke ich, und grinse wie ein Honigkuchenpferd.

Rückblick von Lauras Stiefschwester Maddi

»Ich freue mich schon so auf das Büfett dort!« Das waren Lauras Worte. Im Urlaub haben dann auch alle reichlich zugeschlagen, nur Laura nicht. Ich habe mir zu diesem Zeitpunkt nicht wirklich Gedanken darüber gemacht, warum das so sein könnte.

Auch joggen ist sie jeden Tag gegangen. Es kam mir komisch vor, weil wir sonst immer einen »Faulen« im Urlaub gemacht haben, so wie es ja auch eigentlich sein sollte. Laura hatte schon vor dem Urlaub ein paar Kilo abgenommen und ihre Mutter meinte noch zu ihr, dass sie jetzt so schöne, schlanke Beine habe. Dass es aber alles so eskalieren würde, hat keiner geahnt.

Die Schule hat wieder angefangen und ich habe inzwischen zwölf Kilo abgenommen. 56 Kilo bringe ich jetzt auf die Waage, aber richtig gut gefallen tue ich mir damit immer noch nicht.

Wenn ich zu Hause bin, verstreichen die Stunden schleichend. Ich warte eigentlich immer nur darauf, dass ich wieder etwas essen kann. Ich erlaube mir nur in gewissen Abständen, eine Kleinigkeit zu essen, und die Zeit dazwischen kommt mir jedes Mal wie eine halbe Ewigkeit vor. Mein Magen knurrt und ich habe Hunger, aber essen darf ich trotzdem nicht.

Essen. Essen. Essen. Immer nur diese Gedanken ans Essen in meinem Kopf, die ich einfach nicht loswerde. Warum kann ich nicht mal an was anderes denken, was mich wenigstens ein bisschen von diesem ständigen Thema ablenkt?

Aber es geht nicht. Die Zeit zwischen den wenigen Mahlzeiten, die ich mir erlaube, ist eine einzige Quälerei. Warum kann ich nicht einfach wie die anderen Mädchen in meinem Alter sein? Ich glaube, dann wäre mein Leben um einiges leichter.

Doch will ich das überhaupt? Eigentlich bin ich doch stolz darauf, dass ich nicht so bin wie alle anderen. Im Gegensatz zu denen bin ich nämlich so diszipliniert, dass ich aufs Essen verzichten kann.

*

Natürlich fällt es meinen Mitschülern auf, dass ich noch dünner geworden bin. Jeden Tag werde ich besorgt angesprochen: »Bist du aber dünn geworden! Du willst doch wohl nicht noch mehr abnehmen, oder?«

Sie sagen mir alle, dass sie finden, es reiche jetzt. Dass ich jetzt eine tolle Figur habe und mit dem Abnehmen aufhören sollte, um sie mir nicht wieder kaputt zu machen. Ich denke etwas anderes. Ich denke, dass es noch lange nicht reicht. Ich finde mich immer noch zu dick.

Sogar meine Tutorin ruft mich nach einer Deutschstunde zu sich, als die anderen Schüler schon den Raum verlassen haben.

»Laura, ich mache mir ein bisschen Sorgen um dich. Geht es dir gut?«

»Ja, na klar. Warum sollte es mir denn nicht gut gehen?«, frage ich zurück. Naiv, ich bin so was von naiv. Wie kann ich denn allen Ernstes noch glauben, dass es keiner sieht? Zwölf Kilo sind eine ganze Menge. Zwölf Kilo fallen auf. Zwölf Kilo, die auf einmal fehlen.

»Na ja, mir ist in letzter Zeit aufgefallen, dass du mit jedem Tag dünner wirst, und ehrlich gesagt finde ich, dass du mittlerweile schon viel zu dünn bist. Das sieht gar nicht mehr gesund aus. Ich hoffe, du hast nicht vor, noch mehr abzunehmen.«

»Aber nein. Machen Sie sich da mal keine Sorgen. Ich weiß doch selbst, dass es jetzt reicht, mehr nehme ich nicht ab«, versichere ich ihr und gehe in die Pause, in der ich meinen Freunden wie so oft dabei zusehen muss, wie sie ihren Hunger mit Pausenbroten stillen, während ich mit leeren Händen danebensitze.

*

Dieses Phänomen, wenn die Sicht der Mitmenschen und der Magersüchtigen auseinandergeht, nennt man Körperwahrnehmungsstörung. Ich habe mein Körpergewicht innerhalb von knapp fünf Wochen von 68 auf 56 Kilo reduziert und finde trotzdem, dass sich an meiner Figur kaum etwas geändert hat. Ich sehe einfach nicht, wie dünn ich wirklich schon geworden bin. Da können mich meine Freunde und Verwandten noch so oft warnen, dass ich gar nicht mehr schön aussehe, wenn ich noch

Irgendwann verliert man sich in dieser Diät. Auf einmal will man nämlich gar nicht mehr nur mal eben ein paar Kilo abnehmen. Auf einmal gefällt man sich überhaupt nicht mehr, egal wie viel man nun wiegt.

mehr abnehme. Ich finde mich nach wie vor zu dick. Meine Kleidung wird allerdings immer größer. Die Tops hängen nur noch schlaff an mir herunter und meine Hosen verliere ich fast im Gehen. Schon seltsam, irgendwie. Aber auch das hilft mir nicht dabei, endlich die Realität zu sehen.

Wenn sie mich fragen, ob ich etwa vorhabe, noch mehr abzunehmen, dann antworte ich das, was sie alle hören wollen. Ich antworte, dass mir meine Figur jetzt gefällt und dass ich mein Gewicht ab jetzt nur noch halten will. Lüge ihnen direkt ins Gesicht. Sie alle wollen wissen, wie viel Kilo es denn nun sind, die ich abgenommen habe. Ich denke mir Zahlen aus. Zahlen, die niemanden erschrecken. Ich erzähle allen, dass ich es nicht genau weiß. Dass es ungefähr fünf Kilo sein müssten.

Ich weiß aber ganz genau, wie viel ich abgenommen habe. Ich habe doch alles in meinen Gewichtsdiagrammen dokumentiert. Ich wiege mich jeden Morgen nackt und mit leerem Magen. Ich stelle mich immer fünf Mal hintereinander auf die Waage, um ganz sicher zu sein, dass sie auch das Richtige anzeigt. Sogar meinen BMI rechne ich mir jeden Morgen ganz genau mit zwei Nachkommastellen aus.

*

Irgendwann ist die Magersucht nicht mehr nur der Wille, ein paar Kilo abzunehmen. Damit fängt es an, ja. Man will dünn sein und schön. Beginnt eine Diät und denkt sich nichts dabei. Nur ein paar Kilo, mehr nicht. Nur so viel, bis man sich selbst besser gefällt, dann hört man schon wieder damit auf.

Aber irgendwann verliert man sich in dieser Diät. Auf einmal will man nämlich gar nicht mehr nur mal eben ein paar Kilo abnehmen. Auf einmal gefällt man sich überhaupt nicht mehr, egal wie viel man nun wiegt.

Und die Sache mit dem Aufhören? Klar, das kriegt man hin. Wenn es gefährlich wird, wird man schon aufhören zu hungern. Dann isst man halt wieder, ist doch ganz einfach. Aber wenn es ernst wird, ist das alles plötzlich doch nicht mehr so einfach. Und so wächst die Diät ganz unbemerkt, langsam und leise zu einer Essstörung heran. Irgendwann kann man die Kontrolle, die man durch das ganze Abnehmen und Kalorienzählen zu seinem ständigen Begleiter gemacht hat, einfach nicht mehr loslassen. Man will es auch gar nicht mehr. Man fühlt sich doch so viel sicherer.

Freunde, Familie, Hobbys und Schule sind auf einmal nur noch Nebensache. Man wird doch sowieso von allen belogen. Wer, der einem erzählt, man sei zu dünn, sagt denn schon die Wahrheit? Eben, niemand. Man kann keinem mehr vertrauen. An Zahlen hingegen kann man sich festhalten. Die Zahlen von Nährwerttabellen, Maßbändern und Waagen belügen einen nicht.

Die Essstörung ist das Einzige, was einem noch geblieben ist. Die gibt einem eine Aufgabe, jeden Tag, und ein Ziel, das es zu erreichen gilt.

Denn wenn man sein Essen nur gut genug kontrolliert, kann man seinen Gewichtsverlauf ganz genau beeinflussen. Ein reizvolles Spiel! Wie wird man wohl aussehen mit noch fünf Kilo weniger? Was wird sich am eigenen Körper verändern, wenn man endlich das Untergewicht erreicht hat? Werden sich die Veränderungen auch am gesundheitlichen Zustand bemerkbar machen?

Auf einmal *will* man seinen Körper sogar kaputt machen, denn jedes Krankheitssymptom ist doch ein Zeichen dafür, wie hartnäckig man an seinem Ziel, dünn zu sein, arbeitet!

Man muss achtsam sein, darf sich keine Fehler mehr erlauben. Jede Kalorie könnte eine zu viel sein – und auf keinen Fall will man am nächsten Tag 100 Gramm mehr wiegen. 100 Gramm kommen einem vor wie 1.000.

*

55 Kilo. Zu essen nehme ich mir an diesem Tag nur zwei Reiswaffeln und 15 Gramm Cornflakes mit in die Schule. Erst befürchte ich, dass das nicht ausreichen wird, weil ich gerade in der Schule immer sehr viel Hunger habe und es mir jedes Mal unangenehm ist, wenn mein Magen während des Unterrichts vor allen knurrt. Ich habe mich allerdings geirrt. Die Hälfte meines Proviants schleppe ich nach den acht Stunden Schule wieder mit nach Hause. Ich habe es nicht geschafft, in dieser Zeit zwei Reiswaffeln und 15 Gramm Cornflakes zu essen.

Meine Mutter ist gerade nicht zu Hause und so komme ich auf die Idee, Brot in eine leere Pausenbox zu krümeln, damit sie denkt, ich hätte in der Schule schon vernünftig gegessen. So kann ich auch gleich begründen, weshalb ich noch keinen Hunger auf das Mittagessen habe. Die Lügen häufen sich in dieser Zeit mehr und mehr. Meiner Mutter erzähle ich immer öfter, dass ich schon bei Freunden oder bei Oma gegessen habe, und wenn ich meine Oma besuchen fahre, dann mache ich ihr glaubhaft, dass ich meinen Hunger bereits zu Hause gestillt habe.

Ich fange an, mich schon Wochen im Voraus wegen anstehender Ereignisse verrückt zu machen. In zwei Wochen sind wir zu einem Grillabend bei Bekannten von uns eingeladen. Die ganzen zwei Wochen lang grübele ich jeden Abend vor dem Schlafengehen und wenn ich nachts aufwache darüber nach, wie ich mich dort möglichst geschickt ums Essen herumdrücken kann. Welche Argumente halte ich gegen den fettigen Kartoffelsalat und die Bratwürste bereit? Warum sollte ich kein Steak essen? Wie werde ich es begründen, dass ich nur ein paar

Champignons mit Salz essen werde? Denn die haben ja kaum Kalorien.

Nachdem ich zwei Wochen lang verzweifelt nach Ausreden und Rechtfertigungen gesucht habe, fällt das Grillen ganz unerwartet aus, weil das Wetter nicht mitspielt. Ich habe mir also zwei Wochen lang umsonst den Kopf zerbrochen.

*

Ich steigere mich immer mehr in den Glauben hinein, dass ich alles, was ich tue oder nicht tue, vor anderen rechtfertigen muss. Ich fühle mich allein gelassen und unverstanden von der Welt. Was ist denn bloß los mit mir? Warum versteht niemand, dass ich nichts essen will, und warum kommen mir alle anderen auf einmal so unglaublich verfressen vor?

Auch der Kontakt zu meinen Freunden wird eine immer größere Herausforderung für mich. Ich habe große Angst davor, dass sie mir Fragen stellen. Fragen über mein Gewicht und mein Essverhalten. Und noch mehr Angst habe ich davor, dass meine Freunde auf die Idee kommen könnten, mir Essen anzubieten, oder vielleicht gar vorhaben, mit mir in ein Café zu fahren oder etwas zu backen.

Ich bilde mir vieles ein, nehme die Wirklichkeit verzerrt wahr. Ich habe überhaupt keinen Bezug mehr zur Realität. Ich lehne Einladungen zu Partys ab, denke mir Gründe aus, warum ich keine Zeit für Verabredungen habe, und baue eine Mauer um mich herum auf, die niemanden mehr zu mir durchdringen lässt.

Rückblick von Lauras Freundin Jenny

Einmal fuhren wir nach einem anstrengenden Fitnesstraining nach Hause. Mein Magen knurrte wie wild, aber Laura hatte sich fest vorgenommen, heute nur noch Tee zu trinken.

Noch vor einem Jahr hatten wir oft gemeinsam mit meinen Eltern Abendbrot gegessen oder mitten in der Nacht noch Suppen gekocht. Einfach, weil wir Lust darauf hatten.

Doch von Zeit zu Zeit hat sie immer weniger mit mir zusammen gegessen. Stattdessen fuhr sie unter dem Vorwand, ihre Eltern würden sie zum Abendbrot erwarten, nach Hause. Somit hatte ich die Gewissheit, ihre Eltern würden sie und ihre Diäten schon im Auge behalten. Die drastischste Veränderung zeigte sich eines Mittags im Fitnessstudio. Ich lag auf dem Rücken und wollte gerade mit meinen Sit-ups fortfahren, da sah ich auf einmal ein Mädchen am Empfang stehen, das zwar groß und schlank war, mir aber etwas zu dünn erschien. Als sich das Mädchen umdrehte, traute ich meinen Augen kaum: Es war Laura.

Sie erzählte mir später, dass sie im Urlaub zwei Kilo abgenommen habe und davor auch schon etwa acht. Ich hätte schon viel früher merken müssen, dass bei Laura etwas nicht stimmt, habe ich da gedacht. Doch dadurch, dass wir uns so oft gesehen hatten, war mir der Unterschied zu vorher erst nach dem Urlaub so richtig aufgefallen.

Manchmal frage ich mich, warum ich sie damals nicht richtig gewarnt habe. Warum ich sie nicht daran gehindert habe, immer weiter abzunehmen. Ich hätte so gern etwas getan, aber ich hatte Angst, sie zu bedrängen. Ich wollte nicht, dass sie sich ganz vor mir verschließt.

Bald lasse ich den Refeed Day ausfallen. Obwohl dieser Tag meinen Gewichtsverlust immer angetrieben hat, fürchte ich mich plötzlich davor, einmal in der Woche mehr zu essen als sonst. Ich setze mir noch niedrigere Kaloriengrenzen. Ich versuche, abwechselnd 200 und 400 Kalorien am Tag zu mir zu nehmen. 400 Kalorien müssen doch ausreichen, um den Stoffwechsel anzukurbeln, denke ich. 400 Kalorien. Das sind vier Scheiben Brot. Vier Scheiben Brot an jedem geraden Tag. Und an jedem ungeraden Tag zwei Scheiben.

An manchen Tagen lasse ich das Essen auch ganz bleiben, um mir zu beweisen, dass ich mehr kann, als nur ganz wenig essen. Je länger ich es schaffe, ohne Essen auszukommen, desto euphorischer fühle ich mich.

Für heute habe ich mir vorgenommen, mal wieder einen Tag lang absolut gar nichts zu essen. Gestern habe ich mittags noch einen Salat gegessen. Das ist über 20 Stunden her. Meine Motivation ist trotzdem größer als der Hunger. Wasser und ungesüßter Tee, das ist alles, was ich mir heute erlauben will.

Der Tag vergeht schrecklich langsam. Immerzu gehe ich in meinen Gedanken zum Kühlschrank, um mir etwas zu essen zu holen. Aber ich bleibe stark, fahre nachmittags sogar noch mal zum Shoppen in die Stadt, um dabei ein paar Kalorien zu verbrennen.

Am nächsten Tag breche ich mein Fasten um die Mittagszeit schließlich mit einer einzigen Reiswaffel, denn ich will ja nichts überstürzen. 20 Kalorien, die reichen erst mal.

*

Wenn man aufhört mit dem Essen, kommt einem jede Kleinigkeit, sei es auch nur eine trockene Reiswaffel oder eine Möhre, wie etwas ganz Großartiges vor. Es ist wie ein Festmahl, wenn man sich nach Stunden oder Tagen des Hungerns endlich wieder ein Stück Obst oder Gemüse genehmigt.

Wenn man aufhört mit dem Essen, kommt einem jede Kleinigkeit, sei es auch nur eine trockene Reiswaffel oder eine Möhre, wie etwas ganz Großartiges vor. Es ist wie ein Festmahl, wenn man sich nach Stunden oder Tagen des Hungerns endlich wieder ein Stück Obst oder Gemüse genehmigt. Man erlebt dann eine richtige Geschmacksexplosion im Mund. Egal, wie mager die Mahlzeit auch ausfällt. Da lässt sich eine Reiswaffel auf einmal mit einem riesigen Stück Schokokuchen vergleichen.

Ich erinnere mich noch an ein Wochenende in jener Zeit, das ich mit Jenny und noch ein paar anderen Freunden zusammen bei ihrem Vater verbrachte. Am Abend grillten wir, ich aber aß nur die Lauchcremesuppe, die noch vom Mittag übrig geblieben war. Ich begründete es damit, dass ich Lauchcremesuppe lieben würde. Schon wieder so eine Lüge. Aber ohne meine Lügen war ich hilflos. Ich wollte keine Würste essen und auch kein Kräuterbutterbaguette. Ich machte mir ja allein schon wegen dieser Suppe schrecklich viele Gedanken. Ich war total verunsichert, wie viel Sahne da wohl drin war. Wollte erst noch einen zweiten Teller davon essen, aber ließ es dann bleiben, weil ich ja nicht wusste, ob die Suppe wirklich fettarm genug für mich war.

In der Nacht gingen wir feiern. Wir tanzten und bewegten uns viel. Und ich verbrannte viele Kalorien. Außerdem war es sehr kalt draußen.

Am nächsten Morgen holte Jennys Vater leckere Brötchen vom Bäcker für uns, auf dem Tisch standen Marmelade, Nutella, Käse, Eier, Speck und Butter. Alle freuten sich über diesen gut gedeckten Tisch. Nur ich nicht. Mich plagte immer noch das schlechte Gewissen wegen des einen Tellers Lauchcremesuppe am Vorabend.

Ich erzählte allen, dass ich morgens nie Hunger hätte und noch viel zu müde sei, um so früh schon etwas zu essen – dabei hatte ich einen Riesenhunger, der kaum auszuhalten war. Aber ich trank trotzdem nur einen Kaffee, um meinen Stoffwechsel anzukurbeln, für was auch immer, denn mein Magen war ja leer.

Ich schäme mich heute sehr für diesen Morgen. Mein Verhalten war unmöglich, aber gegen meine Krankheit hatte ich einfach keine Chance mehr.

*

Inzwischen hat sich der Frühling dem Ende zugeneigt und ist in einen schönen, warmen Sommer übergegangen. Als ich mich nach dem Aufstehen auf die Waage im Badezimmer stelle, zeigt mir diese 53 Kilogramm an.

Wahnsinn! Es wird immer weniger!, jubeln meine Gedanken.

An diesem Tag feiert Mama ihren Geburtstag. Das Haus wird nachher voll mit Gästen sein und in der Küche steht schon ein großes Büfett mit köstlichem Essen.

Ein Teil von mir kann es kaum erwarten, dass das Büfett endlich eröffnet wird. Ich spiele sogar mit dem Gedanken, mir eine Kleinigkeit davon zu nehmen. In mir schreit alles nach Essen. Ich habe mich schließlich seit fast drei Monaten nur noch von durchschnittlich 300 Kalorien am Tag ernährt.

Der andere Teil ist jedoch komplett dagegen, dass ich mich am Büfett bediene: »Du wirst dich nicht beherrschen können und danach von schrecklichen Bauchschmerzen geplagt werden«, redet er auf mich ein. »Denk an Mallorca, genauso wird es dir heute wieder gehen, wenn du deine Finger nicht vom Büfett lassen kannst!«

Ich weiß nicht warum, aber aus irgendeinem Grund gewinnt an Mamas Geburtstag trotzdem der Teil in mir, der für das Essen ist, und nicht dagegen. Vielleicht ist es aus Mitleid mit meiner armen Mutter, die jeden Tag wegen mir weint. Ein kleines Geburtstagsgeschenk also, dass ihre Tochter heute mal was isst. Außerdem werde ich so ein leckeres Büfett so schnell nicht wieder zu Gesicht bekommen, darum muss ich das heute ausnutzen.

Und so vergesse ich all die guten Vorsätze, die ich mir gemacht habe, und beginne schon mit dem Essen, bevor die ersten Gäste überhaupt eintreffen.

Irgendwie habe ich das Gefühl dafür verloren, Nahrung in normalen Mengen zu mir zu nehmen. Ich esse längst nicht mehr aus Hunger oder höre damit auf, weil ich satt bin. Entweder, ich esse gar nichts, so wie ich es an den meisten Tagen handhabe, oder ich verliere mich beim Essen in einer Art Rausch, sodass ich gar nicht mehr damit aufhören kann. Letzteren löst Mamas Geburtstagsbüfett in mir aus.

So viel ist es gar nicht, was ich an diesem Tag esse. Aber weil sich mein Körper in den Wochen davor an ein Minimum von Nahrung gewöhnt hat, kommt es mir schrecklich viel vor. Bevor die Gäste gekommen sind, habe ich ein paar Cornflakes gegessen. Dann noch einen kleinen Schokomuffin und abends vom Büfett zwei Scheiben Brot, Salat und ein paar Peperoni mit Käsefüllung. Das ist wahrlich kein Weltuntergang, aber am Ende des Tages kommt es mir wirklich wie einer vor.

Vor dem Schlafengehen trinke ich noch drei Tassen Pfefferminztee, um meinen Stoffwechsel anzukurbeln, und schlucke zwei Tabletten gegen Völlegefühl, in der Hoffnung, dass mein Körper durch diese Mittelchen einige der zu mir genommenen Kalorien unbeachtet lassen wird.

Als ich mich am nächsten Morgen auf die Waage stelle, trifft mich fast der Schlag. 54 Kilo! Gestern Morgen waren es doch noch 53! Ich habe über Nacht ein ganzes Kilo zugenommen! Unfassbar. Tränen schießen mir in die Augen und ich schwöre mir, mich nie wieder an einem Büfett zu bedienen. Und sowieso hasse ich Geburtstage und Familienfeiern. Ständig gibt es dort fettiges Essen und überall lauert die nervige Verwandtschaft, die einen dazu überreden will, sich noch einen Teller voll mit Essen zu holen, weil man ja sonst vom Fleisch fallen würde.

Am Tag nach Mamas Geburtstag esse ich nur eine Handvoll Vollkornflakes.

Rückblick von Lauras Mutter

So richtig bewusst wurde mir Lauras Krankheit erst im Oster-urlaub auf Mallorca. Keine Mahlzeit konnten wir entspannt zu uns nehmen, denn jeder Bissen wurde uns vorgehalten und jede Kalorie, die wir genossen, vorgerechnet. Von da an ging es immer schneller bergab. Ich hatte ständig das Gefühl, mir fehlt die Luft zum Atmen. Immer, wenn Laura anwesend war, fühlte ich mich total gestresst und niedergeschlagen. Es gab keine Sekunde, in der sie nicht gemeckert oder miese Stimmung verbreitet hat. Essen musste ich heimlich kochen, damit sie nicht sah, was für Zutaten ich dafür verwendete. Auch, wenn ich Rücksicht auf sie nahm und kalorienarm kochte: Es war trotzdem jedes Mal verkehrt. Ich habe einfach alles falsch gemacht, egal wie gut ich es auch meinte. Alles, was irgendwie mit dem Thema Essen, Gewicht und Kleidergröße zusammenhing, rief Streit hervor.

Nachts bin ich oft wach geworden und mein erster Gedanke galt dann der Krankheit meiner Tochter. In solchen Momenten konnte ich nicht mehr einschlafen, weil ich mir immer wieder ausmalte, wie schlimm das alles noch enden könnte. Ich wollte ihr doch so gern helfen, wusste aber nicht wie. Ich hatte keine Chance, mal für eine Sekunde abzuschalten und das Ganze einfach zu vergessen.

Alles andere wird plötzlich unwichtig. Es zählt nur noch das Leben. Das ÜBERleben.

Ich hatte das Gefühl, dass sich kein Mensch auf dieser Welt auch nur ansatzweise vorstellen kann, wie es mir geht. Wie es in meinem Innersten aussieht. Nur jemand, der das selbst durchgemacht hat, weiß, wie man sich in so einer Situation fühlt.

Es war eine grausame Zeit, in der ich mir nur noch wünschte, dass alles endlich ein Ende nähme und mein Kind endlich wieder gesund würde.

Mein Essverhalten weicht immer mehr von der Norm ab. Ich halte mich jedes Mal länger an meinen Mahlzeiten auf, um dadurch mehr Zeit zu überbrücken. Zeit, in der ich sonst Gefahr liefe, erneut Hunger zu bekommen und noch etwas zu essen. Das ist natürlich Blödsinn. Satt bin ich eigentlich nie. Weder beim Essen noch danach. Und essen tue ich sowieso kaum, da macht es keinen Unterschied, ob ich eine Stunde früher oder später damit fertig bin.

Irgendwie wird es aber trotzdem eine Art Halt für mich, das Essen so lange wie nur möglich auszudehnen. Dadurch fühle ich mich sicherer. Ich schaue bei jeder Mahlzeit auf die Uhr und weiß hinterher immer ganz genau, wie lange ich gebraucht habe, um alles zu essen. Auf die Minute genau weiß ich es. Je länger ich brauche, desto besser fühle ich mich danach. Für eine magere Portion Müsli mit einem Klecks Milch brauche ich bald 45 Minuten.

Nach wie vor wiege ich jedes Lebensmittel ab, bevor ich darüber entscheide, ob ich es esse oder nicht. Ist es zu schwer, dann hat es keine Chance bei mir. Mehr Gewicht bedeutet auch mehr Kalorien und mehr Fett. Was ich will, ist weniger. Ich wiege auch Dinge wie Möhren und Kartoffeln ab, wegen deren Verzehrs ich mir eigentlich keine Sorgen machen müsste. Eine Möhre, die geschält mehr als 50 Gramm wiegt, ist aber schon fatal. Das sind 16 Kalorien. Zwei davon, und meine Bilanz für den Tag ist im Eimer.

Ich führe mein Esstagebuch konsequent jeden Tag und dokumentiere jede noch so klitzekleine Menge, die ich zu mir nehme. Da zählen jede Kalorie und jedes Gramm Fett. Am Montag nehme ich zum Beispiel insgesamt 155 Kalorien und 0,8 Gramm Fett zu mir, am Dienstag 293 Kalorien und

2,1 Gramm Fett und am Mittwoch 107 Kalorien und 0,6 Gramm Fett.

Ein Mensch, der sich vernünftig ernährt, kennt sein Essen hinterher nicht in Zahlen und isst die Menge, die ich innerhalb von drei ganzen Tagen zu mir nehme, während einer einzigen Mahlzeit. Wenn man sich mal zusammenrechnet, wie viele Kalorien mir auf diese Weise innerhalb von ein paar Wochen oder Monaten entgehen, dann ist das schon eine ordentliche Zahl.

Um meinem Magen vorzutäuschen, er sei voll und satt, trinke ich bald immer mehr Wasser, ungesüßten Tee und schwarzen Kaffee. In den ersten Tagen zeigt diese Strategie auch Wirkung: Dadurch, dass ich am Tag locker vier bis fünf Liter trinke, ist mein Bauch so voll, dass an Essen wirklich nicht mehr zu denken ist. Irgendwann fehlen meinem Körper jedoch so viele Nährstoffe, dass mich erneut das Hungergefühl heimsucht, auch wenn mein Bauch voll mit Wasser ist. Es ist eine richtige Quälerei.

Durch den ständig andauernden Hunger kann ich die ganze Zeit an nichts anderes als an Essen denken. Und wenn ich einmal versuche, diese Gedanken für einen Moment abzuschalten, so schleichen sie sich im nächsten Moment doch wieder in meinen Kopf. Ich werde sie einfach nicht mehr los, bin wie besessen von ihnen. Alles dreht sich nur noch um das eine. Meine Magersucht ist ein 24-Stunden-Job.

*

52,5 Kilo. Das ist bei meiner Größe ein BMI von 17,95. Endlich kann ich mich offiziell als untergewichtig bezeichnen! Und besser noch: Ich wiege jetzt weniger als meine ältere Stiefschwester!

Eine große Freude breitet sich in mir aus. Wie lange habe ich auf diesen Tag gewartet! Ich beneide meine Stiefschwester

Aileen schon seit Jahren dafür, dass sie so viel essen kann, wie sie will, und trotzdem nicht zunimmt. Ich hätte auch gern so eine tolle Figur wie sie. Einmal habe ich mitbekommen, wie mein Stiefvater sie gefragt hat, wie viel sie wiegt, weil sie ziemlich dünn ist. Da hat sie gesagt, dass sie Untergewicht hat, aber einfach nichts dagegen tun kann. Sie esse ja schon wie ein Mähdrescher, aber es wolle einfach nichts bei ihr ansetzen.

An den Wochenenden, an denen sie bei uns übernachtet, sehe ich jedes Mal mit eigenen Augen, wie viel sie im Gegensatz zu mir isst. Es fängt schon mit ihrem Frühstück an: Vier Scheiben Toastbrot mit einer nicht gerade sehr dünnen Schicht Nutella verdrückt sie locker und vom Mittag nimmt sie auch gern mal eine zweite Portion nach. Zwischendurch nascht sie Schokolade und zum Abendbrot isst sie immer ziemlich fettige Lebensmittel wie Butter und Käse. Also gleich eine doppelte Fettdosis.

Meine liebe Stiefschwester kann nichts dafür, dass sie mit diesem Glück beschenkt worden ist, und es ist ja schön für sie, dass nichts bei ihr ansetzt, aber jedes Mal, wenn ich ihr Essverhalten mit meinem vergleiche, platze ich fast vor Neid. Sie hat nie eine Diät gemacht, nie eine gebraucht. Sie hat auch nie wirklich viel Sport getrieben. Und ich? Ich tue all dies schon seit Jahren und bin trotzdem immer dicker gewesen als sie.

Doch mit dem heutigen Tag ist all mein Neid vergessen: Ich habe Aileens Gewicht unterschritten und damit meinen heimlichen Wettkampf gegen sie gewonnen. Mein Gewicht habe ich mir im Gegensatz zu ihr verdient. Ich habe es mir durch das Hungern und mein tägliches Sportprogramm hart erkämpft. In diesem Moment bin ich so stolz auf mich, dass ich gar nicht merke, wie ich immer tiefer in der Magersucht versinke.

*

Mir ist klar, dass ich jetzt vorsichtiger werden muss, um meinem Körper nicht noch mehr zu schaden, deshalb setze ich mir eine untere Gewichtsgrenze – bei 52 Kilo, mehr abzunehmen hatte ich ja auch eigentlich nie geplant.

Aber es ist schwerer, als ich dachte, mein Essverhalten wieder zu normalisieren. Es wird im Gegensatz zu meinem Vorhaben eigentlich nur noch schlimmer.

Erst steigere ich meine Tagesration auf 500 Kalorien, merke jedoch, dass ich davon immer noch Gewicht verliere. Also setze ich die Ration hoch auf 700 Kalorien am Tag. Allerdings fühle ich mich dabei sehr schlecht. Ich kann es einfach nicht mit meinem Gewissen vereinbaren, so viel zu essen. Ich versuche, Lebensmittel zu finden, die mehr Kalorien und Fett haben als mein übliches Diätessen, um auch mit einer kleinen Menge auf eine höhere Kalorienzahl zu kommen. Mir fällt ein, dass ich schon seit einer ganzen Weile einen Snickers-Riegel in der Küche gelagert habe. So ein Schokoriegel hat fast 300 Kalorien. Ich überlege stundenlang, ob ich es wagen soll, ihn zu essen, aber ich bringe es einfach nicht übers Herz. (Drei Monate später liegt der Riegel immer noch an derselben Stelle im Schrank, bis mein Stiefvater ihn schließlich isst.)

Ich bin einfach nicht in der Lage, mich selbst zu einer größeren Nahrungsaufnahme zu zwingen, darum verringere ich meine Tagesration bald wieder, obwohl ich sogar mit den 700 Kalorien am Tag immer weiter an Gewicht verloren habe.

*

Mein Leben erscheint mir immer sinnloser und ich gerate in eine leichte Depression. Jeder Tag ist gleich. Ich stehe aus dem Bett auf und muss mich erst mal irgendwo festhalten, weil mir jeden Morgen aufs Neue schwarz vor Augen wird. Mit einer Tasse

Kaffee im Magen quäle ich mich mit letzter Kraft auf meinem Fahrrad zur Schule, in der ich mir von meinen Freunden anhören muss, dass ich total schrecklich aussehe. Für mich ist das aber ein Kompliment. Je schrecklicher sie meine Figur finden, desto dünner fühle ich mich. Ich stehe den Unterricht durch, auf den ich mich schon lange nicht mehr konzentrieren kann, weil meine Gedanken ausschließlich ums Essen kreisen.

Wie viele Kalorien habe ich heute schon zu mir genommen und wie viele sind noch für den Rest des Tages erlaubt?

Ein Apfel und ein Knäckebrot. 70 und 25 Kalorien. Macht 95 Kalorien. Ob ich wohl zu Hause noch einen Apfel essen kann? Hmmh, vielleicht doch lieber eine Reiswaffel, die hat 50 Kalorien weniger. Das wären zusammen 145 Kalorien für heute. Mehr darf ich dann aber nicht mehr essen.

Mein Kopf rattert. Rattert von all den wirren Gedanken. Immer und immer wieder rechne ich im Unterricht die Kalorien zusammen, die ich an dem jeweiligen Tag schon zu mir genommen habe. Obwohl ich schon längst auf ein Ergebnis gekommen bin, führe ich diese Berechnungen in meinem Kopf wieder und wieder durch. Bestimmt zehn oder 20 Mal rechne ich die Kalorien von Reiswaffeln, Möhren und halben Äpfeln zusammen. Ich könnte mich ja verzählt und eine Kalorie vergessen haben.

*

In der ersten Stunde steht heute Kunst auf dem Stundenplan. Zusammen mit Louise besuche ich den Leistungskurs unseres Jahrgangs. Ich trage die neue Mango-Jeans, die ich mir im Mallorca-Urlaub gekauft habe. Seit dem Urlaub habe ich noch sechs Kilo abgenommen. 51 Kilo bringe ich jetzt auf die Waage. Die Hose kann ich nur noch mit einem Gürtel tragen, wenn ich sie nicht im Gehen verlieren will. Doch statt mich darüber zu ärgern, macht es mich stolz, dass ich förmlich dabei zusehen kann, wie schnell ich aus meinen Klamotten rausschrumpfe, wie ich immer weniger und weniger werde.

Louise sitzt schon auf ihrem Platz, als ich den Kunstraum betrete. Ich setze mich auf den Stuhl neben ihr und hole meine Pastellkreide aus der Tasche. Mein Po tut schon in den ersten Minuten wahnsinnig vom Sitzen weh, weil ihn keine Fettpolster mehr vor dem harten Holzstuhl schützen.

»Laura, die Hose sitzt ja total locker! Hast du die nicht erst neu?«, werde ich von Louise begrüßt.

Zum Antworten komme ich gar nicht erst.

»Ich finde, du solltest wieder zunehmen! Das sieht wirklich nicht gut aus, wie die Hose so an dir rumschlabbert.« Sie holt eine Schale mit Apfelschnitzen aus ihrer Tasche und hält sie mir hin. »Hier, du darfst dir so viel von den Äpfeln nehmen, wie du willst!«

Es ist nur eine Kleinigkeit, es ist Obst, aber in mir löst es eine riesige Panik aus und mein Kopf beginnt mal wieder zu rattern.

Ein Apfel hat 70 Kalorien. In wie viele Scheiben hat sie den Apfel wohl geschnitten? Acht vielleicht? Die Stücke sind ziemlich groß. 70 durch acht … Also fast neun Kalorien pro Stück. Neun Kalorien, so viel! Dann ess ich besser nur eins davon.

Ratter, ratter, ratter.

Es sind die üblichen Gedanken, die ich mir mache. Die Rechenwege, auf denen ich mir Tag für Tag die Beine müde laufe. Ich muss etwas von Louises Äpfeln essen. Wenigstens ein Stück, sonst merkt sie, was mit mir los ist. Wenn sie das nicht sowieso schon getan hat. Vor Louise fallen mir keine Ausreden mehr ein, denn ich glaube, sie hat mich längst durchschaut.

Es ist noch gar nicht so lange her, da sind wir beide fast jede Woche in unseren Freistunden zu McDonald's gefahren. Dort haben wir immer gern gegessen und uns meistens sogar etwas nachgeholt, weil es uns so gut geschmeckt hat. An anderen Tagen sind wir abends noch an den See gefahren, um unseren Lieblingscocktail Sex on the Beach zu trinken. Eine ganze Flasche Fertigcocktail haben wir jedes Mal leer bekommen. Mit Louise war alles immer so unbeschwert, zuckerwattenrosa und einfach. Ich war immer glücklich, wenn ich Zeit mit ihr verbracht habe. Warum kann ich dieses Glück auf einmal nicht mehr spüren? Wo ist es hin?

Ich trauere der schönen Zeit hinterher, als mir mein Leben noch Spaß gemacht hat. Als ich noch keine Angst davor hatte, dass meine Freunde ihr Essen mit mir teilen wollen könnten, als ich noch nicht von Kalorien besessen war, jeden Tag, jede Minute.

Doch ich kann mich nur für *ein* Leben entscheiden. Für ein unbeschwertes Leben oder für ein Leben, in dem ich schlank bin. Welches Leben will ich mehr?

Ich bin viel zu zielstrebig, um mich für das unbeschwerte Leben zu entscheiden, und so stürzt alles immer tiefer in den Abgrund: Mein Gewicht. Mein Leben. Ich.

*

Völlig ausgepowert nehme ich auch noch einmal in der Woche am Sportunterricht teil. Ich bin immer eine gute Sportschülerin gewesen. Einsen und Zweien standen auf meinen Zeugnissen. Im letzten Zeugnis hatte ich jedoch nur noch eine Drei stehen. Meine Leistungsfähigkeit hat sich durch die Essstörung total verringert, sodass ich im Badminton-Semester einfach nicht mehr dazu in der Lage war, den Ball zu treffen, weil mir jedes Mal schwindlig wurde, wenn er auf mich zugeflogen kam.

Es ist eine Qual, nach so einem langen Unterrichtstag wieder mit dem Rad nach Hause zu fahren. Aber wenigstens verbrennt das noch zusätzlich ein paar Kalorien.

*Ich trauere der schönen Zeit
hinterher, als mir mein Leben
noch Spaß gemacht hat.
Als ich noch keine Angst
davor hatte, dass meine
Freunde ihr Essen mit mir
teilen wollen könnten,
als ich noch nicht von
Kalorien besessen war,
jeden Tag, jede Minute.*

Daheim verbringe ich die letzten Stunden des Tages dann völlig erschöpft damit, Kalorien zusammenzurechnen, mir einen Essplan für den nächsten Tag zu erstellen und heimlich alle unsere Äpfel in der Küche abzuwiegen, damit ich weiß, welcher der leichteste ist, denn den werde ich morgen mit zur Schule nehmen. In der Nacht wache ich häufig auf, weil mein Körper von der Tasse Kaffee am Morgen noch immer ganz aufgeputscht ist. Ich habe ja auch sonst kaum etwas zu mir genommen, wie soll mein Körper da das Koffein verarbeiten? Außerdem schreit mein Magen ununterbrochen nach etwas Nahrhaftem. Irgendwas. Aber ich gebe ihm nichts.

Lieber liege ich nachts stundenlang wach in meinem Bett und erdulde das ziehende Gefühl meines verhungernden Körpers. Und auch, wenn ich die ganze Nacht lang kein Auge zubekomme und mich deswegen am nächsten Morgen direkt nach dem Aufstehen schon wieder vor Müdigkeit ins Bett legen könnte, nichts ist wichtiger, als stark und kontrolliert zu bleiben!

Wenn mein ausgezehrter Körper nach so einer schlaflosen Nacht besonders dürr aussieht, dann fotografiere ich ihn. Ich dokumentiere mein Körpergewicht schon seit Anfang der Diät mit meiner Kamera und habe Fotos von mir in allen Stadien des Gewichtsverlustes. Ich brauche das, denn ich fürchte mich vor dem Tag, an dem ich plötzlich nicht mehr weiter abnehmen kann. Oder noch schlimmer: an dem ich wieder maßlos zunehmen werde, so wie früher. Wenn ich mich aber immer fotografiere, sobald ich ein neues Tiefstgewicht erreiche, dann habe ich das Gefühl, dass mir diesen Moment niemand mehr nehmen kann. Die Fotos sind der Beweis dafür, dass ich es kann. Dass ich hungern kann. Und wenn ich irgendwann wieder dick sein sollte, dann kann ich sie mir ansehen und stolz auf mich sein.

Einkaufen wird auch zu einer immer größeren Tortur, wobei ich nicht behaupten kann, dass es mir keinen Spaß bereitet.

Es ist ein bisschen so wie eine aufregende Entdeckungsreise. Ich genieße jedes Mal den Anblick der vielen verschiedenen Lebensmittel, die ich selbst nie zu essen wagen würde. Aber allein schon das Anschauen sättigt mich irgendwie. Ich könnte mich stundenlang in Supermärkten aufhalten. Das ist fast wie Shoppen für mich. Für die anderen Kunden muss ich wie eine Irre aussehen, wenn ich so von Regal zu Regal gehe, um sämtliche Nährwerttabellen abzuchecken.

Nach einem dieser Supermarktausflüge schreibe ich folgenden Eintrag in mein Tagebuch:

Heute war ich zusammen mit Mama einkaufen. Ich gehe lieber allein einkaufen, aber es hat geregnet und sie wollte mich dann mit dem Auto mitnehmen – irgendwie blöd, denn zu Fuß hätte ich mehr Kalorien verbrannt. Eigentlich liebe ich Einkaufen – meistens kaufe ich zwar gar nichts dabei ein, aber ich könnte mich stundenlang in Supermärkten aufhalten und mir die verschiedenen Lebensmittel und Nährwerttabellen ansehen, in der Hoffnung, eines Tages doch etwas Neues zu entdecken, etwas, was lecker ist und so wenig Kalorien hat, dass ich es mir erlauben kann. Finde ich aber leider nie, deswegen verlasse ich die Läden oft mit leeren Taschen. Es reicht mir aber auch schon, mich einfach an dem vielen Essen sattzusehen.

Oft stelle ich mir vor, ich könne diese vielen leckeren Sachen eines Tages selbst mal wieder essen. Doch das wird wohl ein Traum von mir bleiben.

Aber wenn Mama dabei ist, dann macht das Einkaufen nicht mehr so viel Spaß. Dann will sie ständig, dass ich mich mal beeile. Ich soll nicht so rumtrödeln. Und plötzlich will sie dann schon wieder nach Hause, während ich immer noch am ersten Regal stehe.

Ich hab sie also gehen lassen und bin danach noch allein eine ganze Weile zwischen den Regalen hin und her geschlichen. Erst habe ich ein paar Minuten lang eine Tüte mit Mini-Muffins (104 Kalorien pro Stück) herumgetragen. Irgendwann habe ich die Mini-Croissants (94 Kalorien pro Stück) entdeckt und gegen die Muffins eingetauscht. Und dann war da noch das Weißbrot (79 Kalorien pro Scheibe), also wieder ein Teil gegen ein anderes, kalorienärmeres eingetauscht. Weitergesucht nach Toastbrot, das weniger Kalorien als unseres hat. Nichts gefunden. Ich glaube, unser Vollkorntoast mit 62 Kalorien pro Scheibe ist schon das Toastbrot mit den besten Nährwerten.

Später habe ich auch das Weißbrot wieder weggelegt, weil ich mir so gedacht habe: Hey, dann kann ich ja gleich eine Scheibe Toast essen, die hat immerhin 17 Kalorien weniger! Letztendlich waren meine Hände also nach 50 Minuten, die ich bereits durch den Supermarkt gelaufen war, immer noch leer. Ich habe viele Sachen gesehen, die ich gern eingekauft und gegessen hätte: Schokolade, Müsli, Kekse, fertige Salate, Currywurst, Nudeln, Suppen, Kakao, Gemüsepfannen, Joghurts … Aber irgendwie hatte alles zu viele Kalorien und zu viel Fett, also ließ ich es doch lieber bleiben.

Zurück bin ich dann zu Fuß gegangen, im Regen. Und irgendwie hat mich das dann traurig gemacht. Traurig, weil die meisten Menschen immer all das essen können, was sie lieben, ohne dabei ein schlechtes Gewissen zu haben. Ohne die ständige Angst, dick zu werden. Ganz unbekümmert rennen sie alle mit ihren riesigen Einkaufswagen durch die Läden, schnappen sich alles, was sie zum Leben brauchen, ohne vorher die Verpackungen genau zu untersuchen. Gewohnheit. Sie machen das ja jede Woche. Ich würde das auch gern mal wieder tun. Einfach alles kaufen, was mich gerade nett anlächelt, ohne dabei auf die Kalorien zu achten. Aber ich kann es nicht. Ich kann es einfach nicht.

FRÜHER

Ich bin vier Jahre alt, als sich meine Eltern trennen. Mein Vater hat eine andere kennengelernt: unsere Nachbarin. Papa liebt meine Mama nicht mehr. Mein Vater zieht bei der Nachbarin ein und oft sehe ich ihn aus dem Küchenfenster, wenn er draußen mit ihren Kindern spielt. Mama und ich weinen uns oft die Augen aus. Ich kann noch gar nicht genau verstehen, was da gerade in unserem Leben passiert ist. Ich merke nur, dass etwas fehlt: Mein Papi ist plötzlich weg. Er wohnt nicht mehr bei uns und ich habe Angst, dass er nun für immer fort sein wird.

Ein paar Tage später klingelt es abends an der Haustür. Es ist mein Papa. Er steht vor mir, fast doppelt so groß wie ich, mit Tränen im Gesicht und seinem Koffer im Schlepptau.

»Ich habe es mir noch einmal anders überlegt. Ohne euch kann ich nicht leben«, sagt er zu mir.

Mama und ich sind ganz außer uns vor Freude, dass mein Papa wieder zu uns zurückgekehrt ist. Schnell haben wir ihm verziehen und helfen ihm dabei, seinen schweren Koffer die Treppe hochzutragen. In dieser Nacht schlafe ich beruhigt ein.

Doch als ich am nächsten Morgen erwache, höre ich meine Mutter wieder weinen. Ich gehe zu ihr, mich umschauend, wo denn bloß mein Papi ist. Und im nächsten Moment wird mir klar: Er hat es sich doch anders überlegt, hat uns wieder verlassen. Ich nehme meine Mami in den Arm und weine mit ihr. Wir weinen bestimmt Minuten, Stunden, wenn nicht sogar tagelang. Uns ist klar: Noch einmal wird er bestimmt nicht zurückkommen.

Bis dahin haben wir in einem richtigen Haus gewohnt: Es hatte drei Etagen und einen schönen Garten. Ich hatte ein richtig großes eigenes Zimmer. Doch das Haus können wir uns ohne meinen Vater nicht mehr leisten, also wohnen meine

Mutter und ich ein halbes Jahr lang in einem anderen Stadt-teil bei meiner Tante und meinem Onkel. Sie haben ein großes Haus, dessen zweite Etage nicht bewohnt ist. Dort dürfen wir freundlicherweise wohnen, bis wir eine eigene Wohnung ge-funden haben.

*

Ein halbes Jahr später können meine Mutter und ich unsere eigene Wohnung in einem neu gebauten Haus beziehen. Ich komme in die Grundschule, die nur ein paar Schritte von unserem neuen Zuhause entfernt ist, und schließe Freundschaft mit einem Mädchen namens Alice. Alice und ich werden bald die besten Freundinnen. Wir treffen uns fast jeden Tag, machen alles zusammen und sind unzertrennlich.

Dann verliebe ich mich zum ersten Mal in meinem Leben. Es ist ein Junge aus unserer Klasse. Er heißt Henry.

Wir besuchen gerade mal das zweite Schuljahr, als ich ihm einen Liebesbrief überreiche. Was ich darin geschrieben habe, sind unrealistische, kindliche Fantasien: Ich will ihn heiraten, weil ich ihn so sehr liebe, und Kinder mit ihm haben.

Henry ist anders als die wenigen Jungs, die ich bisher kennen-gelernt habe. Er ist vernünftiger und intelligenter und hat als Erster aus unserer Klasse ein richtig dickes Buch allein durch-gelesen. Dafür bewundere ich ihn.

Dann kommt ein neues Mädchen in unsere Klasse. Alice ver-steht sich auf Anhieb gut mit ihr, aber ich kann sie nicht wirk-lich leiden. Alice muss der Neuen erzählt haben, dass ich mich in Henry verliebt habe, denn eines Tages rennen die beiden in der Pause über den Schulhof und rufen ununterbrochen diese drei Worte: »Laura liebt Henry! Laura liebt Henry! Laura liebt Henry!«

Sie lachen dabei.

Und für mich geht die Welt unter. Ich schäme mich in Grund und Boden und bin kurz davor loszuheulen. Alice ist doch meine beste Freundin! Warum verbreitet sie jetzt mit einem anderen Mädchen mein Geheimnis auf dem ganzen Pausenhof?

Alice hat mein Vertrauen missbraucht und das schmerzt so sehr, tief in meinem Innersten. Als ich mittags nach Hause komme, kann ich die Tränen nicht mehr aufhalten und ein ganzes Meer fließt aus meinen Augen.

Ich verzeihe Alice trotzdem. Sie ist ja meine beste Freundin und ich habe Angst, sie zu verlieren.

*

Meine Mutter lernt nach Papa noch zwei, drei weitere Männer kennen, die oft in unserer Wohnung zu Besuch sind. Sie sind alle nett zu mir und bringen Geschenke für mich mit, aber ich kann mich gar nicht richtig an den einen gewöhnen, bis schon wieder der nächste auftaucht. Oft spreche ich den neuen Freund meiner Mutter noch mit dem Namen des vorherigen an, was ihr natürlich schrecklich peinlich ist.

Meinen Vater sehe ich nur noch jedes zweite Wochenende. Ich schlafe dann bei ihm und wir unternehmen immer richtig tolle Sachen: Wir gehen ins Kino, schwimmen in Spaßbädern, essen in Restaurants und fahren zusammen auf seinem großen Rasenmäher durch den Garten.

Einmal fahren wir meine Oma besuchen. Ich nasche zu dieser Zeit ziemlich viel und bin dadurch ganz schön mollig geworden. Oma Christa hat leckeren Kuchen aufgedeckt und ich esse ein Stück nach dem anderen. Als ich mir gerade das dritte Stück nehmen will, stoppt mich Oma Christa, die im Gegensatz zu Oma Herti durchaus Einwände gegen mein gieriges Essverhalten hat: »Das reicht jetzt aber, Laura! Wenn du immer so viel naschst, wirst du noch dick! Du bist ja jetzt schon ganz schön mollig geworden.«

Ich lasse den Kuchen, den ich mir gerade nehmen wollte, wieder zurück auf das Blech fallen und gucke auf den Boden, weil ich mich so sehr für meine Gier schäme. Als alle fertig gegessen haben, stehe ich von meinem Stuhl auf und laufe die Treppe in Omas und Opas Haus 20 oder 30 Mal auf und ab, weil ich plötzlich Angst habe, ich könnte durch diese zwei Kuchenstücke tatsächlich noch dicker werden.

Als ich schließlich sieben Jahre alt bin, lernt meine Mutter endlich den Richtigen kennen und heiratet zum zweiten Mal in ihrem Leben: meinen Stiefvater Michi. Sein Name hat denselben Anfangsbuchstaben wie der seines Vorgängers, weshalb ich auch ihn noch einige Male mit dem falschen Namen anspreche. Doch schnell gewöhne ich mich an ihn. Ich mag ihn richtig gern und endlich kehrt mal Ruhe in unser ständig wechselndes Familienleben ein.

*

Alice und ich besuchen inzwischen das Gymnasium und sind zum Glück wieder in dieselbe Klasse gekommen. Im sechsten Schuljahr bekommt unsere Klasse mal wieder Zuwachs von einem neuen Mädchen, Lana. Alice findet sie richtig toll und freundet sich schnell mit ihr an.

Es ist genauso wie vor ein paar Jahren. Ich bin mal wieder das fünfte Rad am Wagen. Die beiden treffen sich sehr häufig und oft darf ich auch dabei sein, doch ich fühle mich jedes Mal schrecklich ausgeschlossen von den beiden. Lana bekommt auf einmal Alices ganze Aufmerksamkeit. Ich bin nur noch der Ersatz, falls Lana mal keine Zeit für Alice hat. Das geht noch eine ganze Zeit so weiter und ich ertrage still mein Leid, bis wir erfahren, dass Lana wegen ihrer schlechten Noten im nächsten Jahr die Schule wechseln muss.

Kurz bevor Lana endlich aus unserer Klasse verschwindet, sagt Alice in der Sportstunde, mitten im Völkerballspiel, zu mir: »Wenn Lana weg ist, können wir ja wieder beste Freundinnen sein.«

Ich nicke nur stumm und denke mir meinen Teil dazu: Was für eine blöde Kuh. Jetzt muss sie auch nicht mehr bei mir angekrochen kommen. Und eigentlich habe ich auch längst keine Lust mehr auf dieses ständige Hin und Her. Ich will endlich eine richtige Freundin haben, auf die ich mich verlassen kann, und keine, die mich immer wieder im Stich lässt, sobald sich eine Dritte zwischen uns drängt!

Aussprechen tue ich meine Gedanken allerdings nicht. Ich habe Angst, sie könne sauer auf mich sein, wenn ich ihr meine Meinung sage, und da ich sie nicht verlieren will und mich auch ein bisschen freue, dass sie bald wieder mehr Zeit für mich haben wird, gebe ich ihr noch mal eine Chance.

Doch so wie früher wird es nie wieder. Unsere Freundschaft ist wie eingefroren und auch zu den anderen Mädchen aus unserer Klasse kann ich kein Vertrauen mehr aufbauen. Es fällt mir schwer, Nähe zuzulassen. Zu groß ist die Angst, ein weiteres Mal enttäuscht zu werden.

Viele Jahre später lerne ich in der Oberstufe endlich Louise kennen. Louise ist die erste Freundin nach Alice, vor der ich mich wieder öffnen kann und bei der ich weiß, dass ich ihr vertrauen kann und sie mich nicht im Stich lässt.

Es ist Wochenende und ich sitze gemeinsam mit meiner Mutter und meinem Stiefvater am Frühstückstisch. Die Situation ist angespannt und ich fühle mich unwohl, weil ich es nicht mag, wenn mir andere beim Essen zusehen. Michi beobachtet jede meiner Bewegungen, meine Mama starrt erschrocken meine Schlüsselbeinknochen an, die mittlerweile schon stark hervorstehen.

Ich wiege 50 Kilo.

Langsam löffle ich den Haferbrei, den ich mir aus zwei Esslöffeln Haferflocken, Wasser und etwas Süßstoff hergestellt habe. Ich ertrage es nicht, wie mein Stiefvater jeden Löffel, den ich mir in den Mund schiebe, mit seinem kritischen Blick verfolgt.

»Was ist denn? Das schmeckt wirklich gut!«, sage ich in der Hoffnung, dass er seinen Blick danach endlich von mir löst.

»Ich habe mir nur gerade deine knochigen Finger angeguckt«, erwidert er.

»Was?«, frage ich ungläubig. »Die sehen so aus wie immer.«

Auch Mama mischt sich jetzt in das Gespräch ein: »Es sieht wirklich fürchterlich aus, wenn deine Knochen alle so hervorgucken. Ich würde dich ja liebend gern mal auf die Waage stellen, um zu sehen, ob du wirklich noch so viel wiegst, wie du mir erzählt hast.«

Ich habe ihr erzählt, dass ich 53 Kilo wiegen würde. Ich werde nervös und schaufle schnell den restlichen Haferbrei in mich hinein. Trinke eine Tasse Kaffee und noch eine Tasse grünen Tee hinterher. Die Unterhaltung nimmt ihren Lauf. Ich folge ihr schon lange nicht mehr, weil mir das zu anstrengend ist, und starre nur meine leere Müslischale an.

Dann fällt mir wieder ein, dass Mama mich wiegen will. Ich verschwinde aus der Küche und renne schnell runter in unseren Keller, wo wir unser Wasser lagern. Dort trinke ich

*Die Waage sagt, dass ich 49,5 Kilo wiege.
Mama geht mit mir zum Arzt. Es ist auch
mein eigener Wunsch gewesen, diesen
Schritt zu gehen, denn die letzten Wochen
haben mir deutlich gezeigt, dass mit mir
nicht mehr alles in Ordnung ist.*

eine ganze Literflasche stilles Wasser auf einmal aus. Danach ist mir schlecht, aber die Waage darf auf keinen Fall mein echtes Gewicht anzeigen. Mit Kaffee und Tee zusammen dürften es nun 1,5 Liter sein, die ich getrunken habe. Dazu habe ich noch meinen dicken Schlafanzug mit einer Jacke drüber an und trage Hausschuhe.

Mit zwei vollen Wasserflaschen gehe ich wieder hoch, damit sie keinen Verdacht schöpfen. Jetzt sieht es nämlich so aus, als wäre ich nur eben in den Keller gegangen, um neue Getränke hochzuholen.

Mama bittet mich ins Bad. Ich soll mich auf die Waage stellen. Ich habe Angst, tue aber, was sie von mir verlangt. Die Waage zeigt 52 Kilo an und meine Mutter weiß jetzt, dass ich sie mit meinem Gewicht belogen habe.

»Das ist wirklich viel zu wenig. Mehr darfst du auf gar keinen Fall abnehmen, hörst du?«, fleht mich meine Mutter an, die in diesem Augenblick noch nicht weiß, dass ich eigentlich noch weniger wiege, als die Zahl auf der Waage sagt.

Später belausche ich ein Gespräch meiner eineinhalb Eltern im Wohnzimmer.

»Wenn sie so weitermacht, müssen wir sie bald in eine Klinik bringen«, sagt Michi.

Meine Mutter weint.

»Meinst du nicht, wir bekommen das auch ohne Hilfe hin?«

»Daran glaube ich schon lange nicht mehr.«

Na super, die wollen mich in eine Psychiatrie stecken, denke ich und bin fassungslos. Natürlich bekomme ich das alles allein in den Griff. Ich weiß, dass ich jederzeit mit dem Abnehmen aufhören kann. Ich habe doch die Kontrolle über alles.

Oder etwa nicht?

*

Ein paar Tage später sitze ich abends zusammen mit meinem Stiefvater auf dem Sofa in unserem Wohnzimmer. Er hat mir seine Hilfe angeboten und ich konnte mich endlich dazu überwinden, sie anzunehmen. Auf einmal bricht alles aus mir heraus: Ich erzähle Michi von all den quälenden Gedanken, die mich belasten, von meinen Sorgen und Ängsten, und er hört mir die ganze Zeit zu. Es ist eine Erleichterung, endlich all das, was mich schon so lange bedrückt, mit jemandem zu teilen.

Plötzlich kann ich meine Tränen nicht mehr aufhalten. Michi nimmt mich fest in den Arm, sagt: »Wir schaffen das schon.« Und ich glaube tatsächlich einen kleinen Moment lang daran, dass alles wieder gut werden könnte, auch wenn ich jetzt noch nicht weiß wie.

Auch an den folgenden Abenden sitzen Michi und ich wieder nebeneinander auf dem Sofa und reden, versuchen, Lösungen zu finden. Zu wissen, dass es da eine Person gibt, die wirklich an mich glaubt, gibt mir zumindest in diesen Augenblicken sehr viel Kraft.

*

Die Waage sagt, dass ich 49,5 Kilo wiege. Mama geht mit mir zum Arzt. Es ist auch mein eigener Wunsch gewesen, diesen Schritt zu gehen, denn die letzten Wochen haben mir deutlich gezeigt, dass mit mir nicht mehr alles in Ordnung ist. Meine Haare fallen vermehrt aus und nach jedem Kämmen muss ich die verlorenen Haare aus der Bürste entfernen, so viele sind es mittlerweile. Sie fallen nicht nur aus, sie werden auch immer dünner. Darauf werde ich inzwischen sogar schon öfter angesprochen. Früher hatte ich mal langes, volles Haar. Schön sah das aus, und es brachte mir viele Komplimente ein. Doch davon ist nun nichts mehr übrig, und irgendwie macht mich das traurig.

Die Kälte um mich herum ist auch nicht mehr auszuhalten. Oder bin ich es selbst, von der die Kälte ausgeht? Ich friere überall, wo ich bin, und am ganzen Körper. Mir wächst sogar eine leichte Flaumbehaarung auf den Armen und am Rücken. Ein Versuch meines Körpers, sich warm zu halten.

Manchmal kann ich mich deswegen fast schon dazu überwinden, etwas zu essen, damit die Kälte verschwindet. Ich male mir in Gedanken aus, wie ich in ein Brötchen beiße und die Kalorien die Kälte zunichte machen und wie ich nach langer Zeit endlich wieder spüren darf, wie sich Wärme anfühlt.

Doch ich habe ja viel zu viel Angst davor, in ein Brötchen zu beißen, und so entscheide ich mich letztendlich doch für das Frieren, jedes verdammte Mal aufs Neue. Ich kann mich nicht mal mehr daran erinnern, wann ich das letzte Mal meine Periode hatte. Es war vor unserem Mallorca-Urlaub, so viel weiß ich noch. Und der war vor drei Monaten.

Mein Körper ist also nicht mehr in der Lage zu bluten. Er ist nicht in der Lage, sich zu wärmen. Nicht mal meine Haare kann er mit Energie versorgen. Das ist doch traurig. Aber zum Umkehren ist es jetzt zu spät. Ich habe die Entscheidung getroffen abzunehmen, mich ins Untergewicht zu hungern, und jetzt kann ich nicht mehr umkehren. Ich bin vom Weg abgekommen und habe mich verirrt.

*

Der Arztbesuch bringt alles andere mit sich als das, was ich mir erhofft habe. Ich habe mir erhofft, dass ich mich dort auf die Waage stellen muss und meine Ärztin zu mir sagt, dass mein Gewicht ganz kritisch sei und ich schnell zunehmen müsse.

Ich hätte nicht gewusst, wie ich das mit dem Zunehmen anstellen soll, aber Worte wie diese hätten mich zumindest wachgerüttelt und mir gezeigt, dass ich schon viel zu weit gegangen bin und dass ich endlich mit dem Hungern aufhören muss.

Ich habe mir erhofft, dass die Ärztin meinen Blutdruck misst und feststellt, dass er bereits im Keller ist. Dass sie mir sagt, ich würde mein Leben gefährden, wenn ich so weitermachen würde.

Doch alles, was meine Ärztin zu mir sagt, ist, dass alles okay sei, solange ich nicht weiter abnähme und meine Hose nicht anfange zu rutschen. Ich trage an diesem Tag eine Hose in Größe 32 und die sitzt total locker.

Ich höre aus ihren Worten heraus, dass an meiner Lebensweise gar nichts verkehrt ist und ich ruhig damit weitermachen kann. Die Ärztin bestätigt das, was der kranke Teil in mir hören will. Schenkt der Magersucht eine Freikarte, um weiter mit meinem Leben zu spielen.

Meine Mutter ärgert sich schwarz nach diesem Arztbesuch, denn das, was wir dort gehört haben, war auch alles andere als das, was sie sich erhofft hat. Meine Mutter hat gehofft, dass uns dieser Arztbesuch Hoffnung schenken würde, dass man uns endlich helfen würde. Doch an diesem Tag hat unsere Ärztin versagt.

Rückblick von Lauras Mutter

Zu jener Zeit war ich mit meinen Nerven am Ende und wusste allein nicht mehr weiter. Damals schien mir ein Besuch bei unserem Hausarzt die letzte Chance zu sein. Ich habe Laura unter dem Vorwand zu dem Besuch überredet, wir würden zu einer Ernährungsberatung gehen, anders hätte ich sie nie dazu bewegen können, mit mir mitzukommen.

In diesen Tag steckte ich die Erwartung, endlich professionelle Hilfe zu bekommen. Die Ärztin würde Laura schon darauf hinweisen, dass es nicht gut war, wie sie sich langsam zu Tode hungerte. Ihr galt all meine Hoffnung: Sie musste meiner Tochter einfach klarmachen, wie gefährlich diese Krankheit ist! Aber so sehr ich gehofft hatte, so sehr wurde ich an diesem Tag enttäuscht.

Die Ärztin ging auf Laura zu, bat sie darum aufzustehen und fasste ihre Hose am Bund an.

»Sitzt doch gut. Solange das so bleibt, ist alles in Ordnung«, waren ihre Worte. Sollte das ein Witz sein? Laura trug eine Hose der Größe 32, in der noch Luft war. Früher hatte sie einmal 38 getragen.

In mir kochte es. Wie konnte eine Ärztin nur so verantwortungslos sein? Ich kämpfte um das Leben meiner Tochter und die Ärztin bestätigte sie nur darin, genauso weiterzumachen wie bisher. Innerhalb von Sekunden zerstörte sie alles, was mein Mann in wochenlangen Gesprächen aufgebaut hatte.

Als wir wieder zu Hause waren, sagte meine Tochter zu mir: »Siehst du, ist doch alles in Ordnung.«

Aber gar nichts war in Ordnung! Ich frage mich heute oft, was wohl passiert wäre, hätte die Ärztin an diesem Tag anders reagiert. Vielleicht wäre Lauras Krankheit dann nicht so schlimm geworden. Vielleicht hätte sich dann doch noch alles zum Guten gewendet.

49 Kilo. Die Sommerferien haben begonnen und ich bin mit meiner Cousine Sarah verabredet. Sarah wohnt im selben Ort und ist nur eineinhalb Jahre jünger als ich.

Heute soll ein Wasserschlacht-Flashmob in Hannover stattfinden. Zu dieser Aktion wollen sich viele Jugendliche vor dem Hauptbahnhof treffen und um Punkt drei Uhr Wasserflaschen aus ihren Taschen holen, um sich aus dem Nichts heraus gegenseitig nass zu spritzen. Die Menschen, die nichts von dem Flashmob wissen, werden dann ganz irritiert sein, weil sie überhaupt nicht wissen, was da auf einmal vor sich geht. Ein großer Spaß!

Alles, was ich an diesem Tag schon zu mir genommen habe, ist ein Glas Multivitaminsaft. Auf der Saftflasche stand, dass man bereits durch ein Glas mit allen Vitaminen versorgt wird, die man braucht. Ich glaube daran und denke, dass ich dann ja sonst nichts zu mir nehmen muss. Wir fahren mit Bus und Bahn in die Stadt, die Luft ist glühend heiß, sodass mir schwindlig wird.

Bei der Wasserschlacht bewege ich mich viel. Alle laufen wild durcheinander, versuchen, den Wasserangriffen der anderen zu entkommen, dabei aber selbst so viele wie möglich nass zu spritzen. Das Wasser, das gegen mich spritzt, ist kalt. Ich erschrecke mich jedes Mal und habe Angst, umzufallen. Ich tue aber so, als ginge es mir gut, denn ich will nicht, dass Sarah besorgt um mich ist. Nach der Wasserschlacht fahren wir wieder nach Hause. Es hat uns beiden Spaß gemacht, aber wegen der Mittagssonne ist es einfach viel zu heiß, um sich noch länger in der Stadt aufzuhalten.

Wieder daheim, stelle ich fest, dass ich ganz allein in der Wohnung bin. Mama und Michi sind wohl noch ein paar Besorgungen machen gegangen. Als ich in die Küche gehe, um mir etwas Wasser zu trinken zu holen, fängt plötzlich alles an, sich zu drehen. Die Wände kommen auf mich zu und mein Magen schreit wie verrückt nach Essen. Mein Puls verdoppelt sich binnen Sekunden, ich messe ihn: 120 Schläge die Minute. Poch, poch, poch. Ich habe Todesangst und bete zu Gott, dass ich nicht sterben muss.

Ich erinnere mich an die Semmel in der Küche, die Oma Herti mir bei meinem letzten Besuch mitgegeben hat. Die ich eigentlich nicht essen wollte. Ich schneide eine hauchdünne Scheibe davon ab und beschmiere sie mit einer fast durchsichtigen Schicht Nutella. Ich beiße hinein, kaue, beiße, kaue, beiße, kaue. Ich esse so schnell wie lange nicht mehr. Mein Herz pocht immer noch sehr schnell. Ich spüre es bis zum Hals. Das ist doch nicht normal.

Ich schneide mir noch zwei dünne Scheiben ab und esse sie mit Nutella drauf, wieder eine Sparportion. Danach lege ich mich in mein Bett, halte mich an meinen Beckenknochen fest, die im Liegen stark hervorstehen, und schließe die Augen. Hoffe, dass ich sie wieder öffnen werde, und warte darauf, dass mein Puls sich beruhigt.

*

Ich habe mir zu dieser Zeit oft die Frage gestellt, ob ich mehr essen könnte, wenn ich wüsste, dass ich nur noch einen Tag zu leben habe. Ich konnte sie nie mit Ja beantworten. Es ist schwer zu verstehen, wenn man nicht selbst magersüchtig ist oder war. Aber ich weiß, wie es ist. Die Essstörung gibt einem das Gefühl, Kontrolle über alles zu haben. Man hält sich daran fest, fühlt sich sicher, auch wenn sie noch so viel Leid mit sich bringt. Denn mit der Magersucht kennt man sich schließlich aus. Man denkt nicht mehr an sein Leben und an die eigene Gesundheit. Alles, woran man denkt, ist das Dünnsein. Man will immer dünner werden. Die Dünnste sein, um jeden Preis. Und es ist egal, was das für Folgen mit sich bringt.

Hat man sich dieses Ziel erst in den Kopf gesetzt, dann gibt man alles dafür, um es auch zu erreichen. Die Warnsignale des eigenen Körpers blendet man einfach aus. Es wird schon nicht so schlimm sein, wenn einen bereits ein paar Schritte völlig erschöpfen. Wenn einem schon Flaumbehaarung am ganzen Körper wächst, die den unterernährten Körper wärmen soll.

Die Regel fehlt, und das schon seit über drei Monaten, aber das hat ja ebenfalls nichts zu sagen. Und dass die Haut austrocknet und einem die Haare ausfallen, weil es ihnen an Nährstoffen fehlt, ist ja halb so schlimm. Genauso wie die Tatsache, dass man nachts nicht schlafen kann, weil die eigenen Knie schon so knochig sind, dass der Schmerz, wenn sie aufeinander liegen, einen wach hält.

Und was macht es schon, wenn einem jedes Mal schwindlig wird, wenn man sich aus dem Sitzen erhebt? Man kann sich ja kurz am Stuhl festhalten. Hauptsache, man ist dünn. Hauptsache, alle sehen einem an, dass man magersüchtig ist.

Meine arme Mutter wurde damals von allen möglichen Leuten darauf angesprochen, wann sie mich endlich in eine Klinik bringe: von meinen Freunden, von Bekannten und Verwandten, von unseren Nachbarn und sogar von meinen Lehrern. Sie muss total hin- und hergerissen gewesen sein. Einerseits will man als Mutter ja die Verantwortung für die Tochter übernehmen und ihr Leben nicht aufs Spiel setzen, aber was ist andererseits schlimmer für eine Mutter, als das eigene Kind in eine Psychiatrie einzuweisen?

*

Louise und ich verabreden uns dazu, an den See zu fahren. Das Wetter ist hervorragend und wir wollen schwimmen gehen.

»Nach dem Baden könnten wir noch
eine Pizza backen, was hältst du davon?«,
schlägt Louise mir am Telefon vor.
Was ich davon halte? Gar nichts halte ich
von diesem bedrohlichen Vorschlag!
Pizza bedeutet auch Käse,
und Käse ist pures Fett.

»Nach dem Baden könnten wir noch eine Pizza backen, was hältst du davon?«, schlägt Louise mir am Telefon vor.

Was ich davon halte? Gar nichts halte ich von diesem bedrohlichen Vorschlag! Pizza bedeutet auch Käse, und Käse ist pures Fett.

»Ach komm schon. Pizza schmeckt doch prima und du hast bestimmt lange keine mehr gegessen«, sagt Louise, als sie merkt, dass ich nicht sofort vor Freude an die Decke springe.

Ich denke darüber nach, was für eine weite Strecke wir bis zu unserem Badesee und wieder zurück fahren müssen und dass wir dort ganz bestimmt auch ein bisschen schwimmen werden. Das alles verbrennt Kalorien und ich habe heute sowieso noch nichts gegessen. Zögerlich willige ich also doch ein und erteile meiner besten Freundin so einen Freibrief, mich mit Kalorien vollzustopfen.

Kurz bevor ich mich auf mein Fahrrad schwinge, um Louise abzuholen, packe ich noch schnell meine Tasche. Zum Schluss fehlt nur noch ein Bikini. Ich habe lange keinen mehr getragen und beschließe, erst mal ein paar anzuprobieren, um zu schauen, welcher mir am besten steht. Doch als ich das erste Bikinioberteil übergestreift habe, sehe ich, dass es nur trostlos an mir herabhängt und überhaupt keinen Halt mehr hat. Warum sitzt das Teil denn bloß so komisch?, frage ich mich. Das war doch früher nicht so, da saß alles perfekt. Und wo sind eigentlich meine Brüste hin, die den Bikini normalerweise füllen?

Zum ersten Mal wird mir schmerzlich bewusst, dass ich mir meinen ohnehin schon kleinen Busen nun ganz weggehungert habe. Jetzt bin ich wirklich nur noch ein flaches Brett. Auch meine Bikinihose sitzt nicht da, wo sie sitzen sollte. Mit jeder Bewegung, die ich verursache, rutscht sie weiter an mir herunter. So kann ich doch unmöglich schwimmen gehen!

Ich helfe mit Sicherheitsnadeln nach, die das Höschen in der Innenseite zusammenhalten, damit ich es nicht mehr im Gehen verliere. Dann betrachte ich mich im Spiegel. Notgedrungen lächele ich mich an. Ein kaltes Lächeln. Mein Blick ist wie eingefroren. Ich bin ein einziges Wrack und sehe ganz und gar nicht attraktiv in meiner Badebekleidung aus. Am liebsten würde ich jetzt heulen, aber ich muss gleich los und will nicht, dass Louise mir die schlechte Stimmung ansieht, also unterdrücke ich die Tränen.

Die Radfahrt zum See strengt mich sehr an, aber ich darf nicht schlappmachen und mir nichts anmerken lassen. Am See angekommen, entscheiden wir uns für einen schönen Schattenplatz unter einem Baum, breiten unsere Handtücher aus und reißen uns die verschwitzten Klamotten vom Leibe.

Ich bin verunsichert, wie ich mich am besten auf mein Handtuch legen soll. Eigentlich will ich ja in Gesicht und Dekolleté braun werden, aber wenn ich auf dem Rücken liege, stechen meine Hüftknochen und die Rippen so sehr hervor und ich sehe gefährlich dünn aus.

Bevor meine Freundin einen Kommentar dazu abgeben kann, lege ich mich also lieber gleich auf den Bauch, auch wenn es unbequem ist, so auf meinen Knochen zu liegen. Fast nicke ich ein, weil ich so geschafft bin von dem ganzen Tag, da höre ich Louise in ihrer Tasche rumkramen. Zum Vorschein kommen ein paar Pflaumen und ein kleiner Apfel.

»Ich habe Obst mitgebracht. Was möchtest du davon haben?«, fragt sie mich, als ob es eine Selbstverständlichkeit wäre, dass ich etwas davon essen möchte. Sofort kommt mir wieder die Pizza in den Sinn, die wir heute Abend noch backen wollen, und ich bekomme eine Riesenpanik, weil ich davor auf gar keinen Fall noch etwas anderes essen will – und auch Obst hat schließlich Kalorien.

»Nein danke, ich habe gerade keinen Hunger und wir essen doch bald schon unsere Pizza!«, antworte ich ihr deshalb.

»Aber das ist ja noch so lange hin! Na komm, so eine kleine Pflaume geht doch immer!« Louise sieht mich entsetzt an.

Sie tut mir leid. Sie gibt sich solche Mühe, mich zum Essen zu bewegen, aber an mir prallen all ihre Versuche ab. Ich esse eine kleine Pflaume unter der Bedingung, dass wir danach endlich ins Wasser gehen. Dort kann ich mir die Kalorien wenigstens gleich wieder abschwimmen.

Als wir gerade die Badeinsel erreicht haben, fängt es auf einmal fürchterlich zu regnen an. Der Himmel verdunkelt sich im Nu und aus der Ferne hört man Donner grollen. Unser viel zu kurzes Schwimmprogramm ist somit schon wieder beendet und wir beschließen, dass es wohl besser ist, wenn wir uns schnell auf den Heimweg machen, bevor wir noch direkt in das Gewitter geraten.

In Louises Küche backen wir dann mehrere kleine Pizzen komplett selbst. Ihre Familie besitzt sogar einen Pizzastein, auf dem der Teig besonders knusprig wird. Eine Stunde und eine Riesensauerei später haben wir drei verschiedene Sorten Pizza gebacken und das ganze Haus duftet herrlich nach Essen.

Mein Magen zieht sich zusammen. Ich habe tagelang nichts Vernünftiges mehr gegessen und habe wirklich einen riesigen Kohldampf. Eigentlich dürfte ich mir ein paar kleine Pizzastücke ja wirklich mal erlauben. Aber die Stimme tief in meinem Innersten schreit immer wieder Nein.

Nein!

Nein!

Nein!

Ich ignoriere die Stimme. Unsicher strecke ich meine Hand nach dem ersten Stück Pizza aus. Auf der Pizza, die ich mir belegt habe, befinden sich nur Gemüse und ein kleines bisschen

Käse, aber es ist immer noch zu viel. Die Pizza in meiner Hand bebt, weil ich vor Nervosität zittere. Hoffentlich sieht Louise mir nichts an.

»Die schmeckt ja lecker«, sage ich und lächle meiner Freundin dabei zu. Es ist die Wahrheit, die Pizza schmeckt mir wirklich gut. Aber sobald mich meine Gedanken an den fettigen Käse und die Pizza-Kalorien einholen, würde ich die Zeit am liebsten sofort wieder zurückspulen.

Nachdem das Pizzaessen überstanden ist, kann ich mich zum Glück wieder einigermaßen entspannen. Wir machen es uns auf Louises Bett gemütlich und sehen uns noch einen Film an. Dazu trinken wir Tee. So haben wir es schon immer gemacht: den Abend mit einer heißen Tasse Tee und einem guten Film ausklingen lassen. Als der Film vorbei ist, quatschen wir noch ein bisschen über alltägliche Belanglosigkeiten. Über meine Essstörung reden wir nicht.

Es ist schon mitten in der Nacht und uns beide packt langsam die Müdigkeit, darum beenden wir den gemeinsamen Tag an dieser Stelle. Louise begleitet mich noch ein kleines Stück auf meinem Heimweg, den Rest gehe ich allein durch die Dunkelheit zurück. Dabei lasse ich mir den Tag noch einmal durch den Kopf gehen.

Vielleicht hätte ich Louise heute einfach mal von meinen Problemen mit dem Essen erzählen sollen, dann müsste ich nicht andauernd so tun, als ginge es mir gut. Aber stattdessen habe ich ihr mal wieder nur was vorgemacht. Habe Pizza vor ihren Augen gegessen, als wäre es ganz einfach für mich.

Ich ärgere mich darüber, dass ich einfach nicht genug Mut zusammenbekomme, um mich endlich vor jemandem zu öffnen.

Rückblick von Lauras Freundin Louise

Eigentlich kenne ich Laura schon seit der fünften Klasse. Sie war in meiner Parallelklasse und ich habe sie immer für eine verrückte und durchgeknallte Person gehalten. Im gemeinsam belegten Kunst-Leistungskurs der Oberstufe habe ich dieses verrückte Mädchen dann in mein Herz geschlossen und Laura wurde eine sehr gute Freundin von mir. Wir hatten gemeinsam so viel Spaß: auf Kunstexkursionen, in Freistunden, beim Backen. Eigentlich war es immer lustig, wenn wir etwas zusammen unternommen haben. Laura konnte ich immer alles erzählen und sie hatte immer einen guten Rat. Wir waren einfach auf der gleichen Wellenlänge.

Dadurch, dass wir so viel Zeit miteinander verbrachten, nahm ich ihren Gewichtsverlust anfangs gar nicht richtig wahr. Wir haben Laura noch damit aufgezogen, dass sie diese Eiweiß-Shakes trinkt. In dieser Zeit ist sie dann auch immer öfter ins Fitnessstudio gegangen.

An meinem 17. Geburtstag kam sie mit ein paar anderen Freunden zu meiner Party und aß noch relativ viel Kuchen, was mich zu diesem Zeitpunkt schon erstaunt hat. Aber ich dachte einfach, sie hätte endlich Abstand von ihrem Diät-Trip genommen. Doch stattdessen wurde es immer schlimmer.

In der Schule erzählte sie mir stolz, wie wenig sie esse, und hatte meistens nur einen Apfel oder eine Möhre als Pausensnack mit. Ich habe mich dann echt jedes Mal komisch gefühlt, weil ich immer zwei Brote und einen Apfel dabeihatte. Auch an unserem zweiten Frühstück, das wir beide manchmal bei McDonald's zu uns nahmen, wollte sie nicht mehr teilnehmen. Ich begann, mir langsam wirklich Sorgen zu machen.

Ich wusste nicht genau, wie ich mit ihr umgehen sollte. Ich wollte nicht, dass Laura sich von mir distanzierte und ich sie womöglich als Freundin verlöre. Darum versuchte ich vorsichtig, ab und zu mit ihr über das Thema Essen zu reden. Ich war dankbar, wenn sie mir auf meine Fragen antwortete, wenn ich mir auch nicht so sicher war, ob ihre Antworten nicht doch eher Ausweichversuche waren.

Als die Sommerferien dann begannen, überlegte ich mir, Laura zum Pizza-Selbermachen einzuladen. Ich dachte mir, wenn wir Spaß dabei hätten, würde sie vielleicht erkennen, dass sie nicht immer übers Essen und dessen Auswirkungen nachdenken muss. Ich war überrascht, als sie tatsächlich kam. Sie belegte zwar ihre Pizza nur mit Gemüse und wenig Käse, aber immerhin aß Lau für ihre Verhältnisse ziemlich viel. Das ließ mich hoffen.

Wie sie mir dann im Nachhinein erzählte, tat sie das nur, um mir zu beweisen, dass es ihr nichts ausmache, Pizza zu essen. Sie hatte aber zuvor kaum etwas gegessen und ging am nächsten Tag eine extragroße Runde laufen.

Ich finde, dieses Pizzaessen ist ein gutes Beispiel dafür, wie sie versucht hat, der Außenwelt vorzuspielen, dass sie kein gestörtes Verhältnis zum Essen habe. Im Inneren kämpfte sie aber mit sich und den Kalorien.

Ich merkte dann, dass es mit ihr nicht besser wurde. Ich hatte Angst davor, Laura als Freundin zu verlieren, wenn ich ihr sagte, dass es falsch war, was sie tat. Aber letztendlich musste ich doch mit ihr darüber reden, da ich Angst hatte, dass sie sonst ewig so weiter machen würde. Das war wirklich eine sehr schwierige Zeit für alle.

48 Kilo. Ich lese mir nachts die Internetseiten von Kliniken für Essgestörte durch, weil ich, wie so oft, vor Hunger nicht schlafen kann. Ein Teil von mir schreit nach Hilfe. Dem anderen sind 48 Kilo nicht wenig genug.

Ich bin hin- und hergerissen zwischen den beiden Seiten. Ich weiß zwar, dass es mit diesem niedrigen Gewicht jetzt wirklich gefährlich für mich wird und ich Hilfe in Anspruch nehmen sollte, doch gleichzeitig will ich all das, was ich jetzt schon geschafft habe, nicht aufgeben. Ich habe schon 20 Kilo abgenommen. Ich fühle den Triumph, bin stolz auf mich, dass ich das geschafft habe, und will das alles nicht wieder hergeben. Will noch viel öfter das verdammte Hochgefühl auf der Waage erleben, wenn mein Gewicht mal wieder um ein halbes Kilo gesunken ist.

Doch gleichzeitig wächst in mir auch der Wunsch zu leben. So wie jetzt kann es nicht weitergehen. Ich bin ja nicht mal mehr in der Lage zu lachen, denn selbst dafür fehlt mir die Kraft.

Aber was wird aus meinem Abi, wenn ich tatsächlich in eine Klinik gehen sollte? Nach den Ferien komme ich in die zwölfte Klasse und dann dauert es nicht mal mehr ein Jahr bis zu den Prüfungen. Ob ich bis dahin geheilt bin? Wie soll ich mich in der Klinik auf die Prüfungen vorbereiten? Andererseits: In meinem jetzigen Zustand kann ich unmöglich das Abi packen. Wie soll ich denn eine Prüfung schreiben, wenn ich die ganze Zeit nur übers Essen nachgrüble?

Ich bin so dermaßen hin- und hergerissen.

Essen oder nicht?

Zunehmen oder nicht?

Klinik oder nicht?

Mir schießen Tränen in die Augen, wenn ich mir auf den Klinikseiten Berichte von Mädchen durchlese, die es geschafft haben, wieder gesund zu werden. Ich will doch auch so gern zu ihnen gehören. Ich will wieder ein normales Leben führen und mich nicht mehr von meiner Magersucht beherrschen lassen. Wie schön wäre es, wenn ich endlich wieder all das essen könnte, was mir so richtig gut schmeckt! Manchmal wünsche ich mir das mehr als alles andere in meinem Leben: einfach wieder normal essen zu können.

Doch ich stehe mir selbst im Weg. Immer, wenn ich mal die Chance habe, etwas richtig Köstliches zu essen, kann ich es einfach nicht. Mein Kopf verbietet es mir. Da kann ich mir noch so oft einreden: Laura, jetzt iss doch endlich mal was! Wenn sich hier jemand erlauben darf, etwas zu essen, dann bist das ja wohl du! Verdammt, und außerdem musst du sowieso zunehmen!

All das nützt nichts. Auf einmal steht nämlich nicht mehr nur das Abnehmen im Mittelpunkt. Ich bin einem richtigen Kontrollzwang verfallen. Ich allein kann jetzt entscheiden, was mit mir passiert. Ich habe die komplette Macht über meinen Körper. Kann alles steuern, wenn ich nur gut genug aufpasse, wovon ich mich ernähre. Die Kontrolle wird zu meinem einzigen Halt. Daran kann ich mich festklammern. Die Kontrolle, die ich durch meine Diäten über meinen Körper gewonnen habe, gibt mir ein Gefühl von Sicherheit. Ich habe doch alles im Griff, sage ich zu anderen Leuten und rede es mir sogar selbst immer und immer wieder ein. Doch ich habe gar nichts mehr im Griff.

Ich kann und will die Kontrolle einfach nicht mehr loslassen. Ohne meine Kalorienzählerei, ohne meine ständige Disziplin und ohne die Waage kann ich mir mein Leben gar nicht mehr vorstellen.

Ich freue mich so sehr für die Mädchen, die es geschafft haben, dieser Hölle zu entfliehen, aber ich glaube nicht daran, dass ich es ihnen jemals gleichtun kann. Ich kann mir einfach nicht vorstellen, wie ich das hinbekommen soll, eines Tages wieder ganz normal zu essen, ohne danach ein schlechtes Gewissen zu haben.

Ich schaffe es ja nicht mal, mich einen Tag lang nicht auf die Waage zu stellen. Nach dem Wiegen bin ich schon ganz süchtig. Jeden Tag sage ich mir wieder: Ich wiege mich nur noch heute, morgen höre ich damit auf. Doch wenn ich am nächsten Morgen aufwache, spüre ich wieder diese innere Unruhe, die erst nachlässt, wenn ich mein aktuelles Gewicht weiß. Ich wüsste gar nicht, wie ich den Tag überstehen soll, wenn ich mein Gewicht nicht kenne. Dann wäre ich ja total unsicher.

Wenn ich nicht weiß, ob ich zu- oder abgenommen habe, woher soll ich denn dann wissen, ob ich mehr oder weniger essen muss?

Letztendlich macht das aber auch keinen Unterschied mehr. Ich esse nie genug. Die Waage könnte mir ein oder zwei Kilo weniger anzeigen als am Vortag, und ich würde es trotzdem nicht mit meinem Gewissen vereinbaren können, wieder mehr zu essen.

ANFANG AUGUST

47 Kilo. Es ist der dritte Schultag nach den Sommerferien. Ein Montag. Als ich nach Hause komme, duftet es nach Mamas Spaghetti mit Tomatensoße. Sie hat mich schon kommen gehört und öffnet mir die Tür. Sie sieht an diesem Tag irgendwie anders aus als sonst und ihr Blick lässt mich erschaudern. Plötzlich habe ich das Gefühl, dass irgendwas nicht stimmt.

»Ist etwas?«, frage ich.

»Nein«, antwortet meine Mutter, aber ich sehe ihr an, dass das eine Lüge ist.

»Komm, wir essen erst mal.«

Widerwillig folge ich ihr in die Küche und esse eine kleine Portion von den Spaghetti mit. Ich esse sie, obwohl ich nicht weiß, wie viel Gramm die Nudeln auf meinem Teller wiegen und wie viel Butter in der Tomatensoße ist. Aber ich weiß, wie viel meine Mutter in letzter Zeit meinetwegen geweint hat und wie besorgt sie um mich ist. Und nun hat sie extra für mich Spaghetti gemacht, die ich immer so gern gegessen habe, früher, als noch alles in Ordnung war. Ich bringe es nicht übers Herz, jetzt nichts zu essen.

Nach dem Essen bleibe ich sitzen. Ich weiß, dass meine Mutter mir noch etwas zu sagen hat. Ich habe es ihr die ganze Zeit lang angesehen und eigentlich habe ich auch schon eine Vermutung, was gleich kommt. Es gibt einfach nicht mehr viele Themen, über die wir sonst noch sprechen.

»Du musst heute Abend noch deinen Koffer packen, morgen früh fahre ich dich in eine Klinik«, sagt sie. Ihre Hände zittern.

In den Monaten, die vergangen sind, habe ich mir häufiger vorgestellt, was ich tun würde, sollte dieser Moment kommen. Jetzt ist er da und ich tue nichts von alldem. Ich werfe nicht meinen Stuhl um, ich schreie sie nicht an, ich protestiere nicht.

Ich bleibe einfach ruhig sitzen und nicke. Weine. Weil ich weiß, dass das der einzige Weg für mich ist, es zu schaffen. Weil ich jetzt endlich die Hilfe bekommen werde, die ich schon so lange gebraucht hätte. Ich verspüre auf einmal eine große Erleichterung. Endlich hat das alles ein Ende, endlich gibt man mir die Chance, wieder gesund zu werden. Ich kann mein großes Glück noch gar nicht fassen. Es sind Tränen der Freude, die mir über die Wangen kullern.

TEIL 2

Kämpfen

Rückblick von Lauras Mutter

Mein Mann sagte immer öfter: »Laura muss in die Klinik!« Aber ich wollte es nicht wahrhaben. Es musste doch noch einen anderen Weg geben! Doch es gab keinen. Allein konnten wir diesen Kampf nicht gewinnen. Also tat ich, nachdem ich mein Gewissen gründlich befragt hatte, das einzig Richtige, so schwer es mir auch fiel: Ich brachte Laura endlich in eine Klinik!

Ich erinnere mich noch genau an diesen Tag: Laura kam aus der Schule und ich musste ihr meine Entscheidung mitteilen. Mir blieb keine Zeit, um es noch länger hinauszuzögern, denn es war der einzige Ausweg, den ich noch sah, die einzige Möglichkeit, meiner Tochter zu helfen. Den ganzen Vormittag lang hatte ich mit Psychologen und Krankenhäusern telefoniert und konnte es gar nicht fassen, dass Laura so schnell geholfen werden sollte. Ein Krankenhaus in unserer Nähe hatte einen Platz frei. Gleich am nächsten Tag musste ich sie in die Klinik bringen. Ich war geschockt, dass ich mich von meiner Tochter schon so schnell trennen musste. Wie sollte ich ihr das bloß beibringen? In meinem Herzen schmerzte es so sehr und die Tränen liefen und liefen.

Anders als erwartet nahm sie die Nachricht aber mit Fassung auf, sie wirkte sogar erleichtert darüber, endlich Hilfe zu bekommen. Wir beide wussten, dass es der einzig richtige Weg war, auch wenn er noch so hart war. Gemeinsam überlegten wir, was man für so einen Aufenthalt benötigt, und packten ihre Tasche. In dieser Nacht habe ich kein Auge zugetan.

Die Fahrt zur Klinik verlief fast schweigend, uns stand eine lange Trennung bevor. Meine Angst stieg und das Herzklopfen wurde immer schneller, ich hatte das Gefühl, jeden einzelnen Schlag zu hören. Aber von diesem Tag an wuchs auch die Hoffnung in mir. Die Hoffnung, dass mein Kind bald wieder gesund nach Hause zurückkehren würde.

Am nächsten Morgen brechen wir zur Klinik auf. Das Herz schlägt mir vor lauter Aufregung bis zum Hals. Ich habe keine Ahnung, was mich gleich erwartet, und weiß auch nicht, wie lange ich von zu Hause fortbleiben muss. Die Klinik, in die Mama mich bringt, ist ein Krankenhaus für Kinder und Jugendliche, zu dem aber auch eine Psychiatrie gehört, die unter anderem auf Essstörungen spezialisiert ist.

Dort angekommen, werde ich von einer Ärztin in Empfang genommen und untersucht. Sie wiegt mich, nimmt mir Blut ab, klopft mir auf die Knie und hört sich meinen Herzschlag an. Danach bringt mich eine Krankenschwester zu der Station, auf der mein Gewicht in den nächsten Tagen erst mal stabilisiert werden soll, bevor ich in die Jugendpsychiatrie darf.

Wir gehen an einem Zimmer vorbei, in das man durch ein großes Fenster hineinsehen kann. In dem Zimmer sitzen drei dünne Mädchen auf ihren Betten und sind über Kabel mit Monitoren verbunden, die ihren Herzschlag messen. Die Ärztin führt mich in das Zimmer gegenüber, von dem aus ich die Mädchen immer noch sehen kann. Ein Bett ist noch leer. Ob dieses Zimmer auch bald mein neues Zuhause sein wird?

Die Ärztin erklärt mir alle Regeln, an die ich mich hier halten muss, während ich immer wieder einen Blick in das Zimmer mit dem großen Fenster erhasche und den dünnen Mädchen neidische Blicke zuwerfe. Sind sie alle dünner als ich? Ich glaube schon und fühle mich mit einem Mal unglaublich fehl am Platz, trotz meines BMI von 16.

Die Regeln sind streng. Ich muss den ganzen Tag in meinem Bett bleiben und darf nur zu den fünf Mahlzeiten aufstehen. Ich soll mich so wenig wie möglich bewegen und immer warm anziehen, um nicht zu viele Kalorien zu verbrennen.

Na super, denke ich, hier bin ich ja in einer richtigen Mast-anstalt gelandet!

Duschen darf ich erst wieder, wenn ich etwas zugenommen habe, weil auch das zu viele Kalorien verbrennt, und mein Essen muss ich immer aufessen. Was ich nicht schaffe, wird durch ein Getränk namens Bioni ergänzt, das auf 100 Milli-liter 100 Kalorien hat, und wenn ich mich ganz weigere zu essen, bekomme ich eine Magensonde. Für die Hauptmahl-zeiten haben wir eine halbe Stunde Zeit und für die Zwischen-mahlzeiten 20 Minuten. Nach dem Essen dürfen wir eine halbe Stunde lang nicht auf die Toilette gehen, damit sich keiner über-gibt oder heimlich Sportübungen macht. Unseren Wunschkost-plan müssen wir immer schon am Vortag ausfüllen. Zu jeder Mahlzeit muss ich ein kalorienhaltiges Getränk trinken. Pro Woche soll ich mindestens 700 Gramm zunehmen.

Auf einmal verfliegt all meine Freude über den Klinikplatz und die lang ersehnte Hilfe. Mir wird schmerzlich bewusst, dass ich auch hier nicht von allein gesund werden kann. Dass ich auch etwas dazu beitragen muss. Plötzlich fühle ich mich gar nicht mehr bereit dazu, meine Magersucht zu bekämpfen, und würde am liebsten gleich wieder mit meiner Mutter nach Hause fahren. Aber das lässt sie nicht zu, zurück fährt sie heute ohne mich.

*

Die Schwester bringt mich in mein neues Zimmer, das tatsäch-lich das der drei dürren Mädchen ist. Jetzt, wo ich sie aus der Nähe betrachten kann und all ihre Knochen sehe, verstärkt sich mein Gefühl, fehl am Platz zu sein, noch. Ich bin doch immer noch so dick, ich habe mir den Klinikplatz überhaupt nicht verdient. Aber Widerstand ist zwecklos. Jetzt bin ich hier. Jetzt muss ich da durch.

Die Schwester bringt uns unsere Zwischenmahlzeiten. Mir stellt sie den Joghurt mit Mandarinen hin, für den ich mich entschieden und jetzt 20 Minuten Zeit habe. Mit dem viel zu großen Löffel taste ich mich vorsichtig an den Joghurt heran und schiebe mir die erste Löffelspitze langsam in den Mund.

Die Ärztin schließt auch mich an einen Monitor an, der meinen Herzschlag messen soll. Sie klebt mir drei runde Sensoren auf die Brust, die über Kabel mit dem Monitor verbunden sind. Als sie damit fertig ist, schneidet sie direkt das gefürchtete Thema an: »Hast du heute eigentlich schon zu Mittag gegessen?«

Ich bejahe ihre Frage, obwohl das natürlich nicht stimmt. Wir sind ja bereits am frühen Morgen hierhergefahren und mussten so lange auf die Erstuntersuchung warten. Und in der Zeit habe ich natürlich nichts gegessen. Aber wenn sie mir schon die Wahl lässt, dann nutze ich das natürlich aus. Außerdem warten heute ohnehin noch zwei Mahlzeiten auf mich, da esse ich vorher bestimmt nicht auch noch zu Mittag.

Bis zur Zwischenmahlzeit lerne ich meine neuen Zimmergenossinnen Vikki, Melissa und Amanda ein bisschen besser kennen und erfahre, warum sie hier gelandet sind. Ich finde sie alle ganz nett, wäre aber trotzdem lieber wieder zu Hause. Nachdem ich alle meine Sachen aus dem Koffer ausgepackt habe, ruft uns eine der Schwestern zu der Zwischenmahlzeit, die hier Teezeit genannt wird. Zögernd bewegen wir vier uns ins Esszimmer. Ein Mädchen aus einem anderen Zimmer sitzt auch mit bei uns am Tisch. Sie hat eine Magensonde durch die Nase gelegt. Ich schaue mitleidig zu ihr hinüber. Die Arme. In ihrer Situation möchte ich mich nicht befinden. Zwangsernährung ist das Letzte, was ich will.

Die Schwester bringt uns unsere Zwischenmahlzeiten. Mir stellt sie den Joghurt mit Mandarinen hin, für den ich mich entschieden und jetzt 20 Minuten Zeit habe. Mit dem viel zu großen Löffel taste ich mich vorsichtig an den Joghurt heran und schiebe mir die erste Löffelspitze langsam in den Mund. Am Tisch herrscht eine angespannte Stille. Niemand sagt etwas, weil alle viel zu sehr auf ihre Mahlzeit fixiert sind. Hin und wieder werden nervöse Blicke getauscht, dann starren alle wieder auf ihre Teller herunter. Die Zeit läuft uns davon. 15 Minuten sind bereits um und noch niemand hat es geschafft, seine Portion aufzuessen. Ich spiele mit dem Gedanken, den Löffel einfach wegzulegen und das restliche Essen zu verweigern, aber dann fällt mein Blick wieder auf das Mädchen mit der Sonde und ich bekomme Angst. Wenn schon Kalorien, dann möchte ich sie zumindest selbst zu mir nehmen.

Ich fische mir die Mandarinenstückchen heraus und versuche, möglichst unauffällig wenigstens einen Teil des Joghurts übrig zu lassen, indem ich ihn wie wild bis zum obersten Rand der Schale verteile, sodass es nach weniger aussieht. Auskratzen kommt nicht infrage, für mich ist die Mahlzeit beendet. Die Schwester betrachtet meine nicht ausgekratzte Schale, drückt aber noch einmal ein Auge zu, weil es mein erster Tag hier ist.

Zurück auf dem Zimmer, frage ich Melissa, die im Bett neben mir sitzt, wie viele Kalorien man hier pro Tag eigentlich bekommt.

»Morgen wirst du noch mit 1.500 Kalorien davonkommen, aber sie steigern die Menge hier recht schnell auf 2.000 Kalorien, also stell dich schon mal darauf ein.«

Es war mir eigentlich vorher klar, dass ich um 2.000 Kalorien nicht herumkommen würde. Das ist schließlich die Menge, die ein normaler Mensch jeden Tag benötigt. Trotzdem macht es mir Angst. 2.000 Kalorien, so viel habe ich seit einem halben Jahr nicht mehr an einem Tag geschafft. Nicht einmal auf eine Woche verteilt habe ich so viel gegessen. Und jetzt soll ich diese Menge plötzlich jeden Tag zu mir nehmen? Mir fließen Tränen aus den Augen und ich vergrabe mein Gesicht im Kissen, damit die anderen nicht sehen, dass ich weine.

Es dauert nicht lange, dann ist es schon wieder Zeit für das Abendbrot. Seit der Zwischenmahlzeit sind gerade mal drei Stunden vergangen und mich plagt immer noch das schlechte

Gewissen wegen des Joghurts. Dieses Mal beobachtet uns eine andere Schwester beim Essen. Bei ihr dürfen wir sogar auf dem Balkon essen, weil es sehr warm draußen ist. Nach einer halben Stunde nagen wir alle immer noch an unseren Broten herum. Meinen mit Honig gesüßten Tee trinke ich zuerst. Die Schwester hat vergessen, den Tee umzurühren, und so befindet sich der ganze Honig noch auf dem Grund der Tasse, als ich den Tee bereits ausgetrunken habe. Super, ein paar Kalorien konnte ich also schon mal umgehen. In den letzten fünf Minuten habe ich immer noch die zweite Hälfte meines Brotes auf dem Teller liegen, aber weil die Schwester so nett ist, lässt sie uns heute ausnahmsweise ein bisschen mehr Zeit zum Essen.

Nach dem Abendessen zieht sich jede von uns vieren in ihre eigene Welt zurück: Vikki liest ein Buch, Melissa chattet auf dem mitgebrachten Laptop mit ihren Freunden, Amanda telefoniert mit ihrer Mutter und ich lasse den ersten Tag meines Klinikaufenthaltes noch einmal in Gedanken Revue passieren. Was wird in den nächsten Wochen auf mich zukommen? Wie weit werde ich gehen müssen, um mein Leben zu verändern?

*

Mitten in der Nacht werde ich plötzlich von einem lauten Piepen aufgeweckt. Mein Puls ist unter 40 gefallen und eine Nachtschwester eilt herbei, um nach mir zu sehen.

»Dein Puls ist viel zu niedrig, aber das ist bei vielen Anorexie-Patienten so. Mach dir also nicht zu viele Sorgen deswegen. Ich stelle den unteren Grenzwert noch ein bisschen tiefer ein, damit ihr heute Nacht nicht mehr geweckt werdet«, sagt sie und verschwindet wieder. In dieser Nacht wache ich trotzdem noch ein paar Mal auf. Ich habe Albträume vom Essen und Angst vor den nächsten Wochen.

Kaum ist es mir gelungen, vor dem Morgengrauen doch noch einmal einzuschlafen, da piept um halb sechs der nächste Monitor. Es ist der von Amanda, der Jüngsten auf unserem Zimmer. Sie ist gerade aufgewacht und fängt nun an, Gymnastikübungen in ihrem Bett zu machen. Da sie sich zu sehr dabei anstrengt, schlägt ihr Monitor Alarm, weil ihr Puls zu hoch geht. Schnell springt sie wieder unter ihre Decke, gerade noch rechtzeitig, bevor eine Schwester zu uns ins Zimmer kommt, und tut so, als hätte sie nichts gemacht. Ein bisschen beneide ich Amanda darum, dass sie es einfach wagt, heimlich ein paar Kalorien zu verbrennen. Ich würde jetzt auch gern ein paar Sit-ups machen, habe aber Angst, dass die anderen dann was Doofes über mich denken könnten.

Kurz vor meinem ersten Klinikfrühstück führt die Schwester ihr Programm mit uns durch: Wiegen, Blutdruck und Fieber messen und den Körper auf Druckstellen oder blaue Flecken von unseren Knochen untersuchen. Danach werden wir zum Frühstück gerufen.

Am Tisch erwartet mich ein Suppenteller voll mit Haferflocken, Vollmilch und Bananenscheiben – dafür hatte ich mich gestern auf dem Essenswunschzettel entschieden. Doch jetzt, wo ich meine Wunschmahlzeit vor mir aufgedeckt sehe, bin ich entsetzt: Soll diese riesige Portion wirklich für mich ganz allein sein? Das schaffe ich doch niemals!

Aber ich muss – schließlich will ich nicht zur Strafe Bioni trinken müssen. Tatsächlich schaffe ich bis auf einen letzten Rest fast das ganze Müsli, fühle mich danach aber so voll, dass meine Stimmung in den Keller rutscht und ich schon wieder mit den Tränen kämpfen muss.

Ich entwickele immer mehr Methoden, um möglichst wenig Nahrung zu mir zu nehmen. Den Grund, aus dem ich eigentlich hierhergekommen bin, habe ich schon längst wieder vergessen.

Meinen Tee rühren die Schwestern weiterhin nicht um und auch ich halte es nicht für nötig, das zu tun. Ich habe zu Hause nur ungesüßten Tee getrunken und werde es hier nicht anders machen. Morgens lasse ich auf meinem Müsliteller jedes Mal einen Teil der Milch übrig und versuche, die letzten Haferflocken darin zu ertränken und dadurch unsichtbar zu machen. Weitere Haferflocken verstecke ich unter meinem großen Esslöffel. Bei den Zwischenmahlzeiten suche ich mir jeden Tag nur noch ein Milchmixgetränk aus, weil Trinken für mich erträglicher ist, als Quark und Joghurt zu essen. Außerdem reichen mir drei feste Mahlzeiten am Tag. Mehr, als zwischendurch etwas zu trinken, will ich mir auf keinen Fall erlauben.

Auch beim Abendbrot werde ich immer besser im Schummeln. Erst halte ich mich noch etwas zurück, aber mit jedem Tag, der vergeht, lasse ich mehr Krümel meines Brotes auf Teller und Boden fallen. Immer, wenn die Krankenschwester gerade wegsieht, brösle ich ein Stück meines Brotes ab und lasse die Krümel unter meinem Stuhl verschwinden. Mir ist klar, dass diese paar Krümel nicht so viele Kalorien haben, dass ich dadurch eine Zunahme verhindern kann, aber es beruhigt mein Gewissen, es wenigstens versucht zu haben.

*

Für Amanda wird ein Platz in der Kinderpsychiatrie frei und wir freuen uns alle tierisch für sie. Jetzt sind wir nur noch zu dritt auf unserem Zimmer. An einem Abend unterhalte ich mich zum ersten Mal ein bisschen tiefgründiger mit Vikki. Wir grübeln zusammen darüber nach, ob es besser ist, die Therapie nach dem Aufenthalt auf dieser Station ambulant oder stationär weiterzuführen. Für Vikki kommt nur ein stationärer Aufenthalt infrage, das steht fest. Sie sagt mir ganz überzeugt, dass sie nicht glaubt, das mit dem Zunehmen zu Hause in ambulanter Betreuung zu schaffen. Ich glaube auch nicht, dass ich es ohne den Aufenthalt hier schaffe, dennoch will ich die Therapie lieber ambulant fortsetzen, denn insgeheim plane ich schon, zu Hause wieder abzunehmen.

Irgendwie habe ich mich von meinem Vorhaben, gesund zu werden, entfernt, seit ich hier zunehmen muss. Jeder Tag, der hier vergeht, ist unerträglicher für mich und es kommt mir so vor, als könne ich meinem Bauch beim Dickerwerden zusehen.

Nach den Mahlzeiten beobachte ich Vikki öfter dabei, wie sie auf ihrer Bettkante sitzt und pausenlos mit den Beinen auf und ab wippt, um die Kalorien wieder abzutrainieren. Schon bald mache ich mit ihr mit und es kommt nicht selten vor, dass uns eine Schwester dabei erwischt, weil sie uns im Vorbeigehen durch das große Fenster in unserem Zimmer sehen kann. Dass wir für unsere Übungen jedes Mal Ärger bekommen, ist für uns aber kein Grund, damit aufzuhören. Uns ist alles egal. Hauptsache, wir verbrennen Kalorien.

*

Meine Mutter und mein richtiger Vater kommen mich oft auf der Station besuchen und auch bei ihnen kommt bald das Thema auf, wie es mit mir weitergehen soll. Wir bekommen einen Beratungstermin bei einem Psychotherapeuten der Jugendpsychiatrie. Ich werde in einem Rollstuhl dorthin geschoben, da sich das Sprechzimmer des Therapeuten auf einer anderen Etage befindet und die Ärzte es für nötig halten, mich nicht den kleinsten Schritt selbst gehen zu lassen.

Der Psychotherapeut nimmt sich viel Zeit und hört sich mein Gerede über Kalorien, Gewicht und Hungern geduldig an, bevor er selbst mit dem Reden beginnt. Er sagt, dass ich schon so tief in der Magersucht feststecke, dass ich ambulant keine Chance mehr habe. Er bietet uns an, mich auf die Warteliste für die Kinder- und Jugendpsychiatrie des Krankenhauses zu setzen.

Da ich zu diesem Zeitpunkt noch nicht 18 bin, bleibt die Entscheidung meinen Eltern überlassen. Die ambulante Therapie kann ich mir also abschminken. Für mich geht es, wie für Vikki, stationär weiter.

*

Ich nehme weiter zu und erreiche bald die 48 Kilo. Als Belohnung dafür darf ich nach fast einer Woche zum ersten Mal wieder richtig duschen und werde nicht mehr jeden kleinen Weg im Rollstuhl geschoben. Ich bekomme sogar eine halbe Stunde Ausgangszeit am Tag.

Mein Vater kommt jetzt regelmäßig zu Besuch und das tut mir richtig gut. Nach der Trennung meiner Eltern, bei der ich erst vier Jahre alt war, haben er und ich uns zuerst noch alle zwei Wochen gesehen, aber bald ließ der Kontakt immer mehr nach, bis wir uns zum Schluss nur noch drei, vier Mal im Jahr sahen. Darüber waren wir beide sehr traurig, aber irgendwie haben wir auch nie etwas daran geändert. Ich habe immer gedacht, mein Vater hätte kein Interesse mehr an mir, während er glaubte, ich wolle einfach keine Zeit mehr mit ihm verbringen, weil das in meinem Alter uncool sei. Wir haben uns nie gesagt, wie es wirklich war, und so kam es zu der Funkstille zwischen uns.

Die gemeinsame Zeit, die wir verpasst haben, holen wir nun im Laufe meines Klinikaufenthaltes nach. Wir gehen oft durch den großen Park spazieren, der zum Krankenhausgelände gehört.

»Wie viel Prozent von dir wollen eigentlich wieder gesund werden?«, fragt er mich bei einem unserer Spaziergänge. Ich erinnere mich nicht mehr genau an meine Antwort, aber es war wenig. Ich glaube, meine Antwort lautete zwei Prozent.

Rückblick von Lauras Vater

Eines Tages im Sommer habe ich Besuch von Laura und meinen Eltern bekommen. Dass meine Tochter abgenommen hatte, ist mir gleich als Erstes aufgefallen, als sie zur Tür reinkam. Als ich sie dann fragte, wie viel sie abgenommen habe, antwortete sie: »Ach, nur so etwa zehn Kilo.«

Da war ich erst mal beruhigt. Ich wusste ja, dass sie vorher fast 70 wog, und davon zehn Kilo abzunehmen, schien mir ganz normal zu sein. Ich wusste ja nicht, dass meine Tochter mich angelogen hatte. Das habe ich dann erst später von meiner Exfrau erfahren. Über 20 Kilo habe sie schon abgenommen und würde ständig über das Essen meckern, teilte mir Lauras Mutter mit.

Nur wenige Tage später erzählte sie mir dann, dass sie unsere Tochter ins Krankenhaus eingewiesen hatte. Als wir sie dann eines Tages zusammen in der Klinik besuchten, fragte sie mich hinterher, ob ich mir denn eigentlich auch so große Sorgen machen würde wie sie. »Natürlich mache ich mir Sorgen! Es geht hier schließlich um meine Tochter«, sagte ich.

Vielleicht hat man es mir nicht richtig angemerkt, denn meine Gefühle gebe ich nicht gern preis. Aber ich habe in dieser Zeit jeden Tag an meine Tochter gedacht und Angst um sie gehabt.

Meine erste Woche im Krankenhaus ist inzwischen vorüber und wir bekommen Zuwachs von einem Mädchen auf unserer Station. Ihr Name ist Susan. Sie kommt in ein anderes Zimmer, sitzt aber bei den Mahlzeiten mit an unserem Tisch. Als ich sie das erste Mal sehe, bleibt mein Herz fast stehen.

Ich kann nicht glauben, wie dürr sie ist. Sie ist abgemagert bis auf die Knochen, über die sich schmerzhaft straff ihre Haut spannt. Das Oberteil, das sie trägt, muss schon die kleinste Größe haben, und doch hängt es nur leblos und schlaff an ihr herunter. An ihren Armen und im Gesicht hat sie eine starke Flaumbehaarung. Sie ist schon 18, aber sie sieht aus wie ein Kind. Jemand so Dünnen habe ich zuvor nie gesehen.

Ich beneide sie und will auch so mager aussehen. Neben ihr komme ich mir so unglaublich dick vor. Ja, beinahe übergewichtig fühle ich mich. Sie wirkt schüchtern, als wir ihr das erste Mal am Tisch begegnen, aber sie ist alles andere als das. Sie verhält sich so, als wäre ihr die neue Umgebung schon sehr vertraut, und erzählt uns auch bald darauf, dass dies schon ihr dritter Aufenthalt hier ist. Ich bin beeindruckt von dieser Tatsache, die eigentlich eher traurig ist. Aber ich bewundere sie dafür, dass sie so stark an ihrer Magersucht festhält, dass sie selbst nach ihrem dritten Aufenthalt noch nicht geheilt ist.

*

Seit Susan auf unserer Station ist, verliert die Stimmung beim Essen endlich an Anspannung und das Schweigen hat ein Ende. Es gibt jetzt immer ein Thema, über das wir uns unterhalten, auch wenn es meist etwas mit Essen zu tun hat. Susan ist schnell beliebt bei uns. Die Gespräche mit ihr sind immer sehr witzig

Meine erste Woche im Krankenhaus ist inzwischen vorüber und wir bekommen Zuwachs von einem Mädchen auf unserer Station. Ihr Name ist Susan. Jemand so Dünnen habe ich zuvor nie gesehen. Ich beneide sie und will auch so mager aussehen. Neben ihr komme ich mir so unglaublich dick vor. Ja, beinahe übergewichtig fühle ich mich.

und es kommt so rüber, als stecke sie das alles locker weg. Aber das ist nur ihre Fassade, da bin ich mir sicher. In Wirklichkeit kann es ihr einfach nicht so gut gehen. Ich wette, sie ist bloß eine verdammt gute Schauspielerin.

Für das Essen braucht sie noch länger als wir. Meist schafft sie ihre Portionen nicht, obwohl diese noch viel kleiner sind als unsere. Die Hälfte von ihrem Brot landet als Krümel neben ihrem Teller und sie führt bei jeder Mahlzeit Diskussionen über die Größe ihrer Portionen mit den Schwestern. Ich gucke mir Tricks von ihr ab und werde selbst immer besser darin, Essen verschwinden zu lassen.

Zum Mittagessen sitzen wir wieder alle beisammen an unserem Tisch. Ich habe mir an diesem Tag Grießbrei mit Apfelmus ausgesucht. Das Essen wird uns immer in tiefen Tellern serviert, die zusätzlich in Schüsseln stehen, damit es länger warm bleibt. Als ich den Deckel von meinem Teller abnehme, erschrecke ich: Die Portion Grießbrei scheint mir viel zu groß zu sein, außerdem hat man mir statt des Apfelmuses eine riesige Menge Kirschkompott daraufgeklatscht und das mag ich wirklich überhaupt nicht. An diesem Tag haben wir eine ziemlich naive Essbegleiterin mit am Tisch sitzen, der während unserer Mahlzeit einfällt, dass sie unsere Medikamente vergessen hat. Sie steht auf und lässt uns für eine Weile allein am Tisch sitzen.

Susan hat mitbekommen, dass ich mit meinem Essen nicht zufrieden bin.

»Tu doch einfach schnell die Kirschen und einen Teil von dem Grießbrei in die untere Schüssel und stell den Teller dann wieder drauf. Das wird niemand sehen«, rät sie mir.

Sie selbst folgt auch prompt ihrem eigenen Vorschlag und versteckt die Hälfte ihres Mittagessens zwischen Teller und Schüssel. Ich tue es ihr gleich, bevor die Schwester wieder zurückkehrt. Wir grinsen uns die restliche Zeit über an, weil es schon irgendwie verrückt ist, was wir da gerade gemacht haben. Die Schwester bemerkt unsere Schummelei nicht.

*

Auf unser Viererzimmer sollen neue Patienten kommen, darum müssen wir uns auf zwei Doppelzimmer aufteilen. Ich beziehe eins mit Vikki zusammen. Das neue Zimmer hat eine ideale Lage für uns: Es befindet sich weiter hinten im Flur, hat ein viel kleineres Fenster zur Flurseite als unser vorheriges Zimmer und es gehen nur selten Schwestern an der Tür vorbei. Wir nutzen unser Glück aus und machen jeden Tag Sportübungen zusammen.

Wir haben längst herausgefunden, wie man das Piepen an den Monitoren ausschalten kann, sodass sie keinen Alarm schlagen, wenn unser Puls durch das viele Bewegen zu hoch ansteigt. Nach jeder Mahlzeit joggen wir nun neben unseren Betten auf der Stelle und machen im Bett Sit-ups, was das Zeug hält.

Ein paar Tage nach unserer Umquartierung kommt eine Ärztin in unser Zimmer und teilt Vikki mit, dass für sie ein Platz in der Jugendpsychiatrie frei geworden ist. Ich freue mich sehr, dass sie jetzt endlich Hilfe bekommt, aber ich bin auch traurig, dass ich nun allein in unserem Zimmer zurückbleiben muss. Ich vermisse Vikki schon am ersten Abend. Schließlich weiß ich nicht, ob ich sie jemals wiedersehen werde.

*

Ich wiege inzwischen fast wieder 49 Kilo. Fünf Tage nach Vikkis Umzug in die Kinder- und Jugendpsychiatrie wird auch für mich ein Platz auf der Nachbarstation frei. Ich rufe sofort meine Mutter an und berichte ihr von den erfreulichen Nachrichten. Wir fangen am Telefon beide an zu weinen, weil wir uns so sehr freuen. Meine Mutter, weil ich jetzt endlich auch psychologische Unterstützung bekomme, und ich, weil ich mich auf die neuen Freiheiten freue, denn das ewige Rumsitzen und Essen habe ich inzwischen mehr als satt.

Mama will noch morgen früh vorbeikommen, um bei meiner Einweisung auf die neue Station dabei zu sein. Heute nutze ich es aus, dass das mein letzter Abend hier ist, und krümle beim Abendbrot noch einmal so richtig rum. Um meinen ganzen Stuhl herum liegen nach dem Essen wild verteilt kleine Stücke meiner zwei Brote. Die Schwestern bemerken es erst nach dem Essen und kommen daraufhin in mein Zimmer, um mich zu ermahnen: »Wenn du noch mal so eine Sauerei veranstaltest, dann kannst du das beim nächsten Mal alles selbst sauber machen!«

Aber das ist mir ja so egal. Es ist ohnehin mein letzter Abend gewesen, morgen bin ich endlich hier weg!

*

Früh am Morgen komme ich mit meinem vollgepackten Koffer und zusammen mit meiner Mutter und einer Schwester des Krankenhauses auf der neuen Station an. Ich werde von den Betreuern in Empfang genommen und lasse die neugierigen Blicke der anderen Patienten über mich ergehen. Was sie wohl über mich denken? Ich frage mich, ob man mir überhaupt noch ansieht, weshalb ich hier bin. Nach den zwei Wochen auf der »Maststation« fühle ich mich nämlich wie eine fette Schwabbelkuh.

Einer der Betreuer, Stefan, bringt mich in mein neues Zimmer, damit ich zunächst mal meine Sachen auspacken kann. Ich komme in ein Zimmer mit zwei anderen, jüngeren Mädchen. Die eine ist auch wegen einer Essstörung hier, die andere hat ein Trauma, wird aber schon nächste Woche entlassen, wie sie mir gleich zu Beginn freudig mitteilt. Ich bin neidisch, denn sie hat den Aufenthalt hier schon hinter sich und wird wieder zurück in ihr Leben entlassen, während ich erst am Anfang meiner Behandlung stehe.

Schon nach kurzer Zeit stelle ich fest, dass meine Zimmergenossin Valerie ziemlich unordentlich ist, und ärgere mich schwarz darüber, weil ich das genaue Gegenteil von ihr bin. Bei mir muss immer alles aufgeräumt sein, jeder Gegenstand hat seinen festen Platz im Regal. Aber ich werde mich wohl mit dem Chaos in meinem neuen Zimmer anfreunden müssen.

Nachdem ich meine Sachen alle ordentlich weggepackt habe, erklärt mir Stefan den Stationsalltag. Er macht einen netten Eindruck, aber das, was er mir erzählt, passt mir ganz und gar nicht. Ich habe auf der neuen Station zwar mehr Bewegungsfreiheiten, aber dafür muss ich hier sogar *zwei* kalorienhaltige Getränke zu jeder Mahlzeit trinken. Die Mahlzeiten haben ihre festen Zeiten und werden von allen zusammen eingenommen. Jeder Patient mit einer Essstörung bekommt einen Stufenplan, die Stufen richten sich nach dem Gewicht. Mit jeder neu erkämpften Stufe bekommt man mehr Freiheiten, aber dafür muss man erst mal zunehmen. Meinen persönlichen Stufenplan kann er mir allerdings noch nicht geben. »Das macht dann Ines, deine Bezugsperson, mit dir. Die kommt aber leider erst nächste Woche wieder«, sagt er zu mir.

Ich bin etwas verärgert darüber. Es ist mein erster Tag hier und meine Bezugsperson ist nicht da. Jetzt habe ich niemanden, mit dem ich reden kann, wenn es etwas zu klären gibt.

Das mit dem Zunehmen ist hier etwas anders als auf der ersten Station. Jeder ist selbst für sein Gewicht verantwortlich, aber wenn es sinkt, muss man mit Folgen rechnen. Man bekommt wieder mehr Verbote und Einschränkungen und muss zusätzliche Mahlzeiten einnehmen, bis man wieder zugenommen hat. So macht es letztendlich kaum einen Unterschied, ob man nun wieder abnimmt oder das Spiel einfach mitspielt. Außerdem droht auch hier noch eine Magensonde, wenn man zu oft abnimmt oder das Essen verweigert. Und die möchte ich auf gar keinen Fall.

Meine Mahlzeiten nehme ich in den ersten Tagen noch in einem separaten Raum mit Essbegleitung ein, bis sich die Betreuer sicher sind, dass es kein Problem mehr ist, wenn ich mit den anderen zusammen am Tisch esse. Zum einen, damit ich mich beim Essen wohlfühle, soweit es eben möglich ist, und zum anderen, damit die anderen Anorexie-Patienten, die schon ein paar Stufen weiter sind als ich, nicht zu sehr von meinem gestörten Essverhalten beeinflusst werden. Auch hier sind die Mengen, die ich essen muss, genau vorgeschrieben:

- 7:30 Uhr, Frühstück: zwei Brote mit genügend Aufstrich, dazu zwei Tassen gesüßten Tee
- 10:00 Uhr, zweites Frühstück: eine Schale Müsli mit Vollmilch, dazu ein Stück Obst und eine Tasse gesüßten Tee
- 12:00 Uhr, Mittagessen: eine ganze Portion, dazu zwei Tassen gesüßten Tee
- 15:00 Uhr, Teezeit: eine Portion Joghurt mit Obst, dazu eine Tasse gesüßten Tee
- 18:30 Uhr, Abendbrot: zwei Brote mit genügend Aufstrich, dazu zwei Tassen gesüßten Tee

Es ist die Hölle für mich.

*

An meinem ersten Abend in der Jugendpsychiatrie begegne ich Vikki an der Tür, die die Flure der beiden Stationen voneinander trennt. Diese Tür steht häufig offen, sodass man zur

Nachbarstation rüberschauen kann. Wir fallen uns in die Arme, so froh sind wir darüber, uns wiederzusehen. Vikki erzählt mir von ihren ersten Tagen auf der neuen Station, dann werden wir beide zu den Abendrunden unserer Stationen gerufen.

In der Abendrunde versammeln wir uns mit allen Patienten der Station und den anwesenden Betreuern im Gemeinschaftsraum, um über den Tag zu sprechen. Jeder darf dann der Reihe nach erzählen, wie es ihm geht, wie der Tag war und was er sonst noch auf dem Herzen hat. Es ist die erste Abendrunde, an der ich teilnehme, und zum ersten Mal habe ich einen Überblick darüber, mit wem ich diese Station überhaupt bewohne. Mit mir zusammen sind wir elf Patienten. Ungefähr die Hälfte davon ist wegen Magersucht hier. Ich muss mich den anderen vorstellen, bin nervös und sage deswegen nicht sehr viel.

Die erste Nacht hier verbringe ich ohne Bettdecke. Der Sommer geht langsam zu Ende und die Nächte kühlen immer mehr ab. Zudem haben wir das Fenster auf Kipp gelassen, sodass es jetzt auch in unserem Zimmer schon ganz schön kalt geworden ist. Meine Decke habe ich trotzdem mit Absicht bis ans Bettende getreten. Ich will die Kälte spüren und am ganzen Körper frieren. Es hält mich zwar die halbe Nacht wach, aber ich verbrenne Kalorien, wenn ich friere. Ich kann meinem Plan jedoch nicht lange folgen, da auch auf der neuen Station noch jede Nacht mein Blutdruck gemessen wird. Statt des Monitors misst hier ein Betreuer persönlich meinen Blutdruck. Leider durchschaut der Betreuer, der die Nachtschicht hat, mein Vorhaben und sagt mir, dass ich mich wieder zudecken soll und dass er später noch einmal kommen wird, um nach mir zu schauen. Mir bleibt also keine andere Wahl, denn ich will ja nicht schon in meiner ersten Nacht negativ auffallen.

*

Tagsüber bin ich die ersten Tage meist in meinem Zimmer. Ich traue mich nicht, auf die anderen zuzugehen, und bin sowieso nicht in der Stimmung, mich mit jemandem zu unterhalten. Lieber vergrabe ich mich in meiner eigenen Gedankenwelt, die sich immer noch nur um Kalorien und ums Abnehmen dreht, und nutze jede Minute, die ich allein in unserem Zimmer bin, um heimlich Sit-ups, Liegestütze und Beinübungen zu machen oder in dem kleinen Zimmer auf und ab zu joggen.

Vier Mal in der Woche habe ich eine halbe Stunde lang Therapie. Mein Therapeut sagt allerdings nie sehr viel, meist bin ich diejenige, die redet. Oft schweigen wir uns auch einfach nur an, wenn mir der Gesprächsstoff ausgegangen ist. Ein peinliches Schweigen. Und dann kommt immer seine Frage: »Was denkst du gerade?«

Ich denke, dass uns dieses Schweigen in der Therapie nicht weiterbringt, und außerdem ist es mir jedes Mal äußerst unangenehm, wenn ich meinem Therapeuten so ohne was zu sagen gegenübersitze. Nichts ist für mich schlimmer, als wenn es an Gesprächsstoff mangelt und man sich einfach nur anstarrt, verklemmt und angespannt.

Ich erzähle ihm, dass ich zugenommen habe. 49 Kilo und ein paar Gramm wiege ich inzwischen. Immer noch viel zu wenig bei meiner Größe. Immer noch starkes Untergewicht. Für mich ist es viel zu viel.

Ich erzähle ihm von der Wut, die sich mit jedem Gramm mehr in mir staut. Wut über das viele Essen, das ich hier zu mir nehmen muss, und über die Betreuer, die mich einfach nicht verstehen. Ich erkläre ihm, warum ich nicht essen will, dass mir die Schäden, die meine Krankheit mit sich bringt, scheißegal sind.

Und ich schmiede einen Plan, aber davon erzähle ich ihm nichts. Es dauert nur noch einen Monat bis zu meinem 18. Geburtstag. Mit 18 bin ich erwachsen und für mich selbst verantwortlich. Wenn ich 18 bin, kann ich mich selbst aus der Klinik entlassen, dann entscheiden meine Eltern nicht mehr über mein Leben.

*

Es ist Donnerstag, Besuchstag. Meine Mutter kommt mich besuchen und wir gehen durch den großen Park des Krankenhauses spazieren. Mama kann ich endlich die vielen Gedanken anvertrauen, die sich in den letzten Tagen in mir angestaut haben. Sie ist die einzige Person, mit der ich offen über alles reden kann. Ich liebe sie dafür. Während unseres Spazierganges laufen mir die ganze Zeit die Tränen aus den Augen. Ich weine und weine und kann gar nicht mehr damit aufhören. Der Klinikalltag bringt so viele Veränderungen in mein Leben und mir wird das alles zu viel. Ich fühle mich kaputt und ausgelaugt. Ich habe keine Kraft mehr, um gegen die Stimme in meinem Kopf, die mir immer wieder sagt, dass ich nichts essen darf, anzukämpfen. Ich kann nicht mehr, ich will aufgeben.

Ich erzähle meiner Mutter, dass ich vorhabe, mich an meinem 18. Geburtstag selbst zu entlassen. Sie blickt mich erschrocken an.

Natürlich hat sie etwas dagegen. In diesem Augenblick kann ich sie noch nicht verstehen, denn ich wünsche mir wirklich nichts mehr, als hier wegzukommen. Aber Mama macht mir klar, dass ich in meinem Zustand unser ganzes Familienleben kaputt machen würde, wenn ich vorzeitig wieder nach Hause käme. Sie wolle das alles nicht noch einmal mitmachen, nicht noch einmal hilflos dabei zusehen, wie sich ihre eigene Tochter fast zu Tode hungert. Und andauernd diese Streitereien zu Hause, jeden verdammten Tag aufs Neue. Das würde sie nicht noch einmal verkraften.

Der Klinikalltag bringt so viele Veränderungen in mein Leben und mir wird das alles zu viel. Ich fühle mich kaputt und ausgelaugt. Ich habe keine Kraft mehr, um gegen die Stimme in meinem Kopf, die mir immer wieder sagt, dass ich nichts essen darf, anzukämpfen.

Ich bin unglaublich sauer auf mich selbst, als mir Mama ihre Meinung zu meinem Vorhaben mitteilt. Wie kann ich nur so egoistisch sein und bei all den Gedanken um mein Gewicht ganz vergessen, dass meine Familie auch unter mir leiden muss? Es muss unfassbar schwer für Mama sein, was sie gerade alles durchsteht.

Und ich denke nur daran, wie ich möglichst schnell nach Hause komme, um meine Krankheit wieder an die Macht zu lassen.

Ein paar Tage später haben Mama und ich eine gemeinsame Therapiestunde. Mama erzählt meinem Therapeuten sofort von meinem Vorhaben, obwohl ich sie darum gebeten habe, dies nicht zu tun. Mein Therapeut versucht mit aller Mühe, mich dazu zu überreden, die Therapie bis zum Ende durchzuziehen, erreicht an diesem Tag aber keinerlei Einsicht bei mir. Ich werde meinen Plan durchziehen, denke ich nach dem Gespräch, und fange an, die Tage bis zu meinem Geburtstag runterzuzählen.

Rückblick von Lauras Mutter

Wenn ich in Lauras traurige, leblose Augen geguckt habe, habe ich mir immer vorgestellt, wie viel Zeit ihres Lebens sie mit dieser Krankheit wegwirft.

Ich habe nie verstanden, warum sie nicht erkannt hat, dass sie ein hübsches Mädchen ist und eine gute Figur hat, denn die hatte sie meiner Ansicht nach schon immer. Warum wollte sie das jetzt verändern und zerstörte sich selbst alles? Es hätte ihr doch so gut gehen können.

Der Moment, in dem sie dann angefangen hat, die Tage zu zählen, bis sie sich selbst entlassen konnte, war einfach nur schrecklich. Ich wusste, man musste sie irgendwie davon überzeugen, dortzubleiben. Wenn sie die Klinik mit 18 Jahren verließe, wäre alles verloren. Dann war all die Mühe umsonst.

Für mich stand fest: Nach Hause kommt sie dann nicht mehr, so sehr ich sie auch liebe. Denn dann wäre alles genauso weitergegangen und das hätte ich nicht noch einmal geschafft.

In dieser Zeit hat es am meisten geschmerzt, andere Kinder glücklich zu sehen. Das konnte ich nicht ertragen.

Warum kann Laura jetzt nicht da sitzen und lachen?

Warum kann sie jetzt nicht dort sitzen und auch ein Eis essen?

Das habe ich mich oft gefragt. Wenn mir Kollegen auf der Arbeit erzählt haben: »Ach meine Tochter macht heute dies und jenes ...«, habe ich nur daran gedacht, wie meine Tochter gerade in der Klinik vor sich hin vegetiert, traurig und krank ist, während niemand weiß, wie das Ganze enden wird. Am liebsten hätte ich in solchen Momenten einfach zu meinen Kollegen gesagt: »Das ist mir doch alles scheißegal! Ich muss gerade dabei zusehen, wie sich meine Tochter zu Tode hungert.«

In meinem Kopf kreisten die Gedanken darum, wie ich Laura helfen könne, damit sie wieder gesund würde. Ich habe mir immer gewünscht, dass sie auch endlich wieder diese schönen Momente erlebt: ins Kino oder Freibad gehen, mit anderen Jugendlichen Eis essen … Ich wollte einfach, dass sich bei ihr nicht immer alles nur um Kalorien drehte.

Es ist Wochenende. Mein erstes in der Kinder- und Jugend-psychiatrie. Fast alle Patienten unserer Station werden früh am Morgen von ihren Eltern abgeholt, weil sie schon so weit sind, dass sie das Wochenende zu Hause verbringen dürfen. Ich darf noch lange nicht nach Hause und muss also das ganze Wochen-ende über in der Klinik bleiben.

Zu meinem Glück bleibt auch noch eine andere Patientin über Nacht auf der Station, und so nutze ich die Chance, endlich meinen ersten Kontakt hier zu knüpfen. Sie heißt Tina und ist aus demselben Grund wie ich eingewiesen worden. Sie erzählt mir, dass sie bereits seit über einem Monat hier ist und auch schon ein paar Kilo zugenommen hat, worüber sie sich natür-lich gar nicht freut. Wir setzen uns auf die Terrasse und spielen ein Kartenspiel. Draußen ist es an diesem Tag sehr warm, und säßen wir nicht unter dem großen Sonnenschirm, wäre die Hitze kaum auszuhalten.

Während unseres Gespräches stellen wir fest, dass wir viele Gemeinsamkeiten haben, zumindest, was unsere Krankheit be-trifft. Es tut mir gut, mich mit Tina zu unterhalten, denn von ihr fühle ich mich endlich verstanden, weil sie meine Probleme nur zu gut selbst kennt. Sie ist erst zwölf Jahre alt, erscheint mir aber deutlich älter.

Am Nachmittag wird auch sie von ihrer Familie abgeholt, um für ein paar Stunden dem Stationsalltag zu entfliehen. Ich bleibe allein zurück und vertreibe mir die Zeit heimlich mit Gymnastikübungen auf meinem Zimmer. 400 Sit-ups am Tag sind ein Muss, mehr sind noch besser.

Am Abend hole ich mir mein Handy im Stationszimmer ab, denn man darf nur zu vorgeschriebenen Zeiten telefonieren. Draußen im Garten, der alle Stationen verbindet, treffe ich

Vikki wieder. Auch sie darf am Wochenende noch nicht nach Hause und nutzt gerade ihre Handyzeit. Wir kommen auf die Idee, uns ein paar Kalorien abzutrainieren, jetzt, wo es schon dunkel draußen ist und die Betreuer uns von drinnen nicht sehen können. Wir verstecken uns hinter dem Gartenhaus, joggen während der gesamten Handyzeit auf der Stelle und lachen uns dabei kaputt, weil es irgendwie schon wahnsinnig ist, was wir da tun. Zum Telefonieren kommen wir gar nicht. Das Joggen während der Handyzeit wird danach zu unserem Ritual, sodass wir beide uns jeden Abend im Garten sehen.

*

In der folgenden Woche lerne ich endlich meine Bezugsperson kennen. Jeder Patient auf unserer Station bekommt einen eigenen Betreuer zugeteilt, zu dem er gehen kann, wenn er Fragen oder Probleme hat oder sich einfach nur mal ausheulen muss.

Meine Betreuerin heißt Ines. Sie hat lange, dunkelbraune Haare, ist ziemlich groß und zudem auch sehr schlank. Fast beneide ich sie schon für ihre gute Figur und kann so ganz und gar nicht verstehen, warum sie überhaupt hier arbeiten darf und nicht selbst als Patientin eingewiesen wird. Sie ist doch fast genauso dünn wie ich – oder etwa nicht? Ich bin total durcheinander und weiß überhaupt nicht mehr, ob ich meiner Körperwahrnehmung überhaupt noch trauen kann.

Von Ines bekomme ich endlich meinen Stufenplan, auf den ich schon so lange gewartet habe. Ich befinde mich im Moment auf Stufe zwei von fünf Stufen. Mein Zielgewicht, das ich für die fünfte Stufe brauche, sind 55,5 Kilo. Ein BMI von 19. Außerdem wird mir geraten, noch mindestens ein Kilo über mein Ziel-gewicht zu kommen, weil ich am Ende vier Wochen lang beweisen muss, dass ich mich auch tatsächlich auf Stufe fünf halten kann, bevor ich entlassen werde.

»Was?! Das sind ja dann insgesamt neun Kilo, die ich hier zunehmen muss! Das ist viel zu viel! Ich habe doch bereits in den letzten Tagen so viel zugenommen!«, meckere ich. Ich finde es unfair, dass ich so viel wiegen soll, wo Ines doch selbst ziemlich dünn ist. Sie versucht mir zu erklären, dass ein BMI von 19 in meinem Alter völlig normal ist und ich damit immer noch eine schlankere Figur als viele Gleichaltrige haben werde. Ich glaube ihr kein Wort und versuche, meinen Ziel-BMI wenigstens auf 18,5 runterzuhandeln, aber sie lässt nicht mit sich diskutieren.

Weinend renne ich in mein Zimmer und knalle die Tür laut hinter mir zu. Ines kommt mir hinterher und versucht, mich zu beruhigen. Ich bleibe wütend und schreie ihr entgegen, dass ich an meinem 18. Geburtstag eh hier weg sein werde.

Letztendlich habe ich damals dann aber doch noch die Kurve gekriegt. Irgendwas in mir hat mir wohl gesagt, dass es falsch wäre, die Therapie vorzeitig abzubrechen. Vielleicht war es der Gedanke an meine traurige und besorgte Mutter daheim oder die Einsicht, die doch langsam in mir durchkam.

*

In den nächsten Tagen versuche ich, mich ein bisschen besser auf die Therapie einzulassen, auch wenn es mir nach wie vor sehr schwerfällt. Ich führe noch einmal ein Gespräch über meinen anstehenden Geburtstag mit Ines, denn den will ich auf gar keinen Fall hier verbringen müssen. Es ist schließlich nicht irgendein Geburtstag, sondern der Tag, an dem ich volljährig werde.

Wir einigen uns darauf, dass ich an meinem Geburtstag für ein paar Stunden nach Hause darf, wenn ich bis dahin Stufe drei erreicht habe. Für Stufe drei muss ich 51,1 Kilo wiegen.

Zu diesem Gewicht fehlen mir aber noch fast zwei Kilo und ich habe nur noch einen Monat Zeit, die zuzunehmen. Und obwohl ich nun ein konkretes Ziel vor Augen habe, klappt es mit dem Essen immer noch nicht so recht.

An einem Morgen trenne ich beim Frühstück die Cornflakes, Bananenscheiben und Milch meines Müslis sorgfältig voneinander und esse alles ganz langsam und der Reihe nach. Ines beobachtet mich eine Weile dabei, dann fordert sie mich auf, doch bitte damit aufzuhören, mein Essen zu sortieren. So etwas sei nicht normal.

Ich bleibe stur und mache trotzdem weiter damit. Als fast nur noch die fettige Vollmilch, vor der ich mich so fürchte, auf meinem Teller schwimmt, ermahnt sie mich erneut. Ich koche vor Wut, stehe auf, nehme meinen Teller mit der Vollmilch in die Hand und marschiere damit in die Küche.

»So«, sage ich, »es wäre ja nicht normal, die Milch pur zu löffeln, ohne Bananen und Cornflakes«, und kippe den Teller über der Spüle aus. Weg mit der fettigen Milch, weg mit den Kalorien! Ich bin stolz darauf, einen Teil der Mahlzeit umgangen zu haben. Allerdings kassiere ich für die Aktion eine Menge Ärger von Ines.

*

Es dauert nicht lange, bis ich ein zweites Mal das Essen verweigere. Dieses Mal ist es beim Abendbrot. Ich hatte den ganzen Tag über schon mit einem Stimmungstief zu kämpfen und soll nun auch noch zwei ganze Scheiben Brot essen! Ich bekomme gerade mal eine halbe Toastscheibe runter, den Rest lasse ich auf meinem Teller liegen. Mir laufen die Tränen aus den Augen. Ich weine nicht gern vor anderen, aber ich bin so am Ende, ich kann einfach nicht mehr anders. Die ganze Situation ist mir äußerst unangenehm, aber ich würde in diesem Moment alles dafür tun, um nicht noch die übrigen anderthalb Brotscheiben essen zu müssen. Mir fehlt in diesem Augenblick einfach die Kraft dafür.

Ines ist heute nicht da, eine der anderen Betreuerinnen erlöst mich schließlich vom Abendbrot und geht mit mir zum Reden in den Gemeinschaftsraum.

»Ich kann gut verstehen, dass dir das Essen noch schwerfällt, aber du musst trotzdem etwas zu dir nehmen!«, sagt sie zu mir.

»Ich weiß, aber ich kann nicht. Mein Kopf verbietet es mir. Ich bekomme heute wirklich nichts mehr runter!«

»Du musst heute aber noch etwas essen, sonst nimmst du wieder ab. Hast du dir denn schon eine Alternative überlegt?«

Ich bin sauer. Habe ich ihr nicht gerade gesagt, dass ich heute nichts mehr herunterbekomme? Aber sie lässt nicht locker, schlägt mir Joghurt oder Milch mit Honig vor. Das ist mir aber alles viel zu fettig, also sage ich, dass ich höchstens noch einen Apfel essen würde.

»Na gut, einen Apfel. Aber dann musst du dazu noch ein Glas Saft trinken, sonst ist das zu wenig!«

Wir einigen uns also auf einen Apfel und ein Glas Orangensaft. Ich suche mir den kleinsten Apfel aus der Obstschale und das kleinste Glas aus dem Schrank aus. Im Gegensatz zu den anderen Mahlzeiten darf ich mir diese nämlich ausnahmsweise selbst zubereiten.

Als ich abends im Bett liege, knurrt mein Magen und ich habe plötzlich doch noch Hunger. Mein Körper hat sich bereits an die Mahlzeiten hier gewöhnt, sodass es ihm jetzt sofort auffällt, dass er kein vernünftiges Abendbrot bekommen hat. Ein bisschen spüre ich wieder den alten Stolz in mir. Ich habe lange kein Hungergefühl mehr gehabt, aber jetzt ist es wieder da. Ein Zeichen von Disziplin und Stärke.

Erleichtert schlafe ich ein, aber der Schlaf hält nicht lange an. Ich habe einen solchen Hunger, dass ich mitten in der Nacht

Mein Körper hat sich bereits an die Mahlzeiten hier gewöhnt, sodass es ihm jetzt sofort auffällt, dass er kein vernünftiges Abendbrot bekommen hat. Ein bisschen spüre ich wieder den alten Stolz in mir. Ich habe lange kein Hungergefühl mehr gehabt, aber jetzt ist es wieder da. Ein Zeichen von Disziplin und Stärke.

wieder davon wach werde. Verdammt, warum habe ich denn jetzt bloß Hunger? Ist mein Körper wirklich schon so abhängig von dem Essen hier geworden, dass ich ohne Abendbrot nicht mehr schlafen kann?

Ich mache mir wieder Sorgen, dass all mein Hungern vor der Klinik umsonst gewesen ist, weil mein Körper nun schon wieder an so viel Essen gewöhnt ist. In dieser Nacht sehne ich mich wieder enorm nach der Zeit zu Hause zurück, als ich meine Magersucht noch frei ausleben konnte.

*

Als ich gerade von einer Therapiestunde zurück auf die Station komme, fängt mich Ines ab und berichtet mir, dass die Ärzte ein neues Medikament für mich angesetzt haben: Kreon soll ich jetzt einnehmen, und zwar morgens, mittags und abends.

»Wir haben in deinen Stuhlproben festgestellt, dass dein Körper durch das lange Hungern nicht mehr richtig in der Lage ist, die Fette und Kohlenhydrate zu verwerten, die du isst. Das Kreon wird deinem Körper dabei helfen, das Essen wieder besser aufzunehmen.«

Na super, denke ich. Als hätte ich jemals darum gebeten, dass mein Körper beim Fettwerden auch noch Unterstützung bekommt. Dreimal am Tag Kreon zu schlucken ist fast so schlimm für mich wie das Essen an sich. Warum soll ich nicht gleich eine Tasse Öl schlucken? Dann wäre mein Körper sicherlich genauso gut mit Fett versorgt.

Aber oft schafft es das Kreon sowieso nicht bis in meinen Magen. Jedes Mal, wenn ich mit den anderen Patienten nach dem Essen mit einem Glas Wasser zum Stationszimmer gehe, um die Medikamente abzuholen, schlucke ich erst die Vitamin- und Kalziumtabletten, bevor die bösen Kreonkügelchen an der

Reihe sind. Die kleinen weißen Kugeln verstecke ich dann einfach jedes Mal unter meiner Zunge, trinke einen kleinen Schluck Wasser hinterher und tue so, als würde ich schlucken, damit die Betreuer auch bloß nichts merken. Natürlich schlucke ich gar nichts runter. Nach der Medikamentenvergabe verschwinde ich jedes Mal schnell auf die Toilette und spucke das Kreon wieder aus.

Lange Zeit bekommt das auch niemand mit, bis mich eine Betreuerin eines Abends nach der Medikamentenverteilung fragt, ob ich noch mal kurz meinen Mund aufmachen könne. Mir bleibt nichts anderes übrig, als das Kreon runterzuschlucken. Ich finde gar keine Worte für das quälende Gefühl, das ich danach habe. Ich habe richtige Angst davor, dass ich allein von diesen paar Kügelchen sofort zunehmen könnte.

*

Den anderen Patienten gegenüber taue ich langsam auf und knüpfe immer mehr Kontakte auf der Station. Ich freunde mich mit Rebecca an, die schon zum zweiten Mal wegen ihrer Magersucht hier ist. Rebecca, die von allen Becks genannt wird, hat schöne, braune Haare, die ihr fast bis zum Bauchnabel reichen. Sie ist mir vom ersten Augenblick an sympathisch und wir verbringen immer mehr Zeit miteinander. Oft kommt sie nachmittags in mein Zimmer, wenn wir gerade keine Termine auf der Station haben, und dann geben wir uns gegenseitig Tipps, welche Lebensmittel in der Klinik am fettärmsten sind und wie man am besten Teile des Essens verschwinden lassen kann.

Inzwischen nehme ich auch an ein paar Angeboten der Klinik teil. Ich bekomme jetzt Gitarrenunterricht und darf mir dafür sogar eine eigene Gitarre von der Klinik ausleihen. Seitdem bin ich jeden Tag eifrig damit beschäftigt, in meinem Zimmer

Lieder einzustudieren, und schreibe bald sogar einen eigenen Song, in dem es darum geht, wie grau und schmerzvoll meine Welt ist und wie sehr ich mir wünsche, einfach alle Sorgen von mir zu werfen. Wie dann eines Tages die Sonne zwischen den Wolken hervorkommt und der Wind meine Sorgen endlich davonweht. Am Ende des Songs singe ich davon, wie lebendig ich mich danach wieder fühle, dass ich neue Gründe gefunden habe, die meinem Leben einen Sinn geben, und wie glücklich ich endlich wieder bin. Ich bin zwar noch längst nicht so weit, wie ich in meinem Lied singe, sehne mich aber schon irgendwie danach, dass dieser Tag bald eintreffen wird.

Durch mein neues Interesse am Gitarrespielen schließe ich auch eine weitere Freundschaft in der Klinik: mit Jessy, einer Trauma-Patientin, die eines Tages einfach lächelnd in mein Zimmer geplatzt kommt und unbedingt mit mir mitsingen will. Ich habe nichts dagegen und so kommt es, dass wir bald ein ganzes Sortiment an Songs einstudiert haben, die wir auch immer öfter den anderen Patienten vorsingen und für die wir dabei sogar Beifall ernten.

Dadurch, dass wir uns trauen, zusammen vor Publikum zu singen und ich mir das Gitarrespielen in kürzester Zeit so gut angeeignet habe, werde ich immer selbstbewusster und lockerer. Langsam löse ich mich von meinen Selbstzweifeln, die mich einst zu einer verschlossenen Person gemacht haben. Auf einmal gibt es neben der Magersucht noch etwas anderes in meinem Leben. Ich kann ja gar nicht nur hungern und Kalorien zählen, ich bin ja auch kreativ und talentiert!

Dieses Gefühl, mehr zu sein als nur Laura, die Magersüchtige, schenkt mir neuen Mut für die Hürden, die beim Kampf gegen meine Krankheit sicher noch auf mich zukommen.

Stefan, der Betreuer, den ich gleich bei meiner Einweisung kennengelernt habe, bekommt allmählich mit, wie fleißig wir unsere Lieder einstudieren und immer besser werden. Oft hört er bei unseren Proben zu und schenkt uns Applaus. Dann kommt er eines Tages auf uns zu und erzählt, dass er nebenbei auch noch als DJ jobbt und in Clubs auflege, dass er zu Hause das nötige Equipment habe, um Songs aufzunehmen, und dass er sich bereiterklären würde, eine CD mit uns zu machen, wenn wir Lust darauf hätten. Die haben wir!

Einige Wochen später bringt er also seine komplette Ausrüstung mit in die Klinik, baut mit uns zusammen alles im Gemeinschaftsraum auf und dann geht es auch schon los mit unseren Aufnahmen. Jessy und ich sind überglücklich, dass Stefan so ein tolles Projekt mit uns macht, und haben einen riesigen Spaß an der ganzen Sache.

Zwischen Tina, Becks, Jessy und mir entwickelt sich langsam eine innige Freundschaft. Wir sind unzertrennlich geworden und machen fast alles zusammen. Ich finde langsam in mein Leben zurück, entdecke, wie viel Spaß mir wegen meiner Krankheit in den letzten Monaten entgangen ist, und freue mich einfach riesig, dass ich diese schönen Momente wieder ein bisschen mehr zulassen kann.

ANFANG OKTOBER

Eine Woche vor meinem Geburtstag fange ich an, freiwillig eine Spätmahlzeit nach dem Abendbrot zu essen. Die anderen Anorexie-Patienten müssen schon lange diese sechste Mahlzeit zu sich nehmen, nur ich blieb davon verschont, weil mein Gewicht in der Klinik bisher auch so angestiegen ist.

Die Kleinigkeiten, die ich zur Spätmahlzeit esse, ändern natürlich nicht viel an meinem Gewicht. Von einem Apfel oder einer kleinen Schüssel mit Cornflakes ohne Milch nimmt man nicht zu. Darum schummle ich einen Tag vor meinem Geburtstag das erste Mal mein Gewicht hoch, weil ich immer noch zu weit von der dritten Stufe entfernt bin. Ich trinke vorher einen ganzen Liter Wasser und wiege dann gerade genug, um am nächsten Tag nach Hause zu dürfen. Weil Ines, die nichts von meinem Betrug ahnt, so stolz auf mich ist, erlaubt sie mir sogar, fast den kompletten Tag zu Hause zu verbringen.

*

An meinem Geburtstag holt mein Vater mich nach dem zweiten Frühstück auf der Station ab und fährt mit mir nach Hause, wo meine Mutter schon auf mich wartet. Als ich unsere Wohnung betrete, fange ich an zu weinen. Es ist ein komisches Gefühl, nach fast zwei Monaten zum ersten Mal wieder zu Hause zu sein. Als ich mein Zimmer betrete, bekomme ich großes Heimweh und will am liebsten gleich wieder zu Hause einziehen.

Für heute ist nur eine kleine Geburtstagsfeier mit meiner Familie geplant. Meine beiden Omas und Opas werden später noch zu uns stoßen, dann ist die Runde vollständig. Dabei habe ich mir früher immer in Gedanken ausgemalt, wie ich am Tag meiner Volljährigkeit mit all meinen Freunden bis in die Nacht hinein feiere, mit guter Musik und leckeren Cocktails. Ich bin ein bisschen traurig, dass das jetzt doch nicht möglich ist.

Ich freue mich, als am Nachmittag endlich meine Großeltern eintreffen, aber die Freude ist schnell verflogen, als Mama den Tisch mit Kuchen geradezu eindeckt.

So eine riesige Auswahl ruft noch immer Stress in mir hervor. Welchen Kuchen soll ich nur essen? Am liebsten würde ich von jedem Kuchen etwas probieren, denn alle sehen äußerst lecker aus. Es ist immerhin mein Geburtstag und eigentlich darf man sich so was dann ja durchaus mal gönnen. Und zunehmen muss ich sowieso. Doch sofort schleichen sich wieder die heimtückischen Gedanken in meinen Kopf. Ich entscheide mich dann doch nur für ein kleines Stück des Kuchens, der mir am kalorienärmsten erscheint.

Auch das Abendbrot überfordert mich. Es gibt vier verschiedene Brotsorten. Doppelt so viel Auswahl wie in der Klinik. Sie sehen alle sehr verlockend aus, aber mehr als zwei Scheiben mit fettreduziertem Frischkäse erlaube ich mir auch davon nicht. In der Klinik esse ich schließlich auch nicht mehr.

Die Gespräche an diesem Tag sind alle sehr oberflächlich. Niemand traut sich so richtig, Fragen zu meiner Krankheit zu stellen, aus Angst, damit die Stimmung zu ruinieren. Dabei ist die Krankheit sowieso jede Sekunde anwesend. Sie ist doch tief in mir drin, die ganze Zeit!

Ich kämpfe den ganzen Tag mit den Tränen. Jede Kleinigkeit überfordert mich heute. Die Auswahl an Kuchen und Brot, die vielen verschiedenen Aufstriche, jede Bemerkung, die jemand zu meinem Aussehen macht, und jede noch so belanglose Frage, die mir gestellt wird.

Als die Gäste weg sind, bin ich so erschöpft von meinem Geburtstag, dass ich mich auf einmal doch total darauf freue, gleich wieder zurück in die Klinik fahren zu dürfen. Dieser Tag hat mir irgendwie gezeigt, dass doch noch ein weiter Weg vor mir liegt und ich noch lange nicht dazu bereit bin, wieder zu Hause einzuziehen.

Rückblick von Lauras Mutter

*Den Moment, als Laura mit ihrem Vater zur Tür reinkam und an-
gefangen hat zu weinen, weil sie so überfordert war, werde ich nie
vergessen. Sie war das erste Mal nach einer langen Zeit wieder zu
Hause und ich hatte mich total darauf gefreut, sie heute, an ihrem
18. Geburtstag, bei mir haben zu dürfen. Ich hatte mir gewünscht,
dass alles so sein würde, wie es früher immer war: harmonisch,
friedlich und spaßig. Aber da hatte ich mir wohl was vorgemacht.*

*Ich musste mich jede einzelne Sekunde zusammenreißen und
habe versucht, einfach nur noch durchzuhalten, bis alle wieder
weg sind. Die ganze Situation war total angespannt. Selbst Lauras
Opa hat das bemerkt und »Du gefällst mir heute gar nicht« zu mir
gesagt. Wie auch? Am liebsten hätte ich meine ganze Trauer raus-
gelassen. Ich habe mich an diesem Tag wie eine Schauspielerin
gefühlt.*

Mein Gewicht steigt immer langsamer an, darum macht mir Ines den Vorschlag, zusätzlich zu meinen beiden Zwischenmahlzeiten immer noch eine Tasse Milchmix zu trinken. Ich habe nie rausgefunden, wie viele Kalorien so ein Milchmix wirklich hat, aber es machten Gerüchte die Runde, dass man mit einer Tasse dieses Getränkes locker auf 300 Kalorien kommen würde. Auf der ersten Station bestanden die Zwischenmahlzeiten selbst aus je einer Tasse Milchmix. Und jetzt soll ich die noch zusätzlich trinken? Ich esse doch schon zu jeder Zwischenmahlzeit eine ganze Schale Cornflakes mit Milch! Der Vorschlag gefällt mir gar nicht, zumal man dieses Getränk nach einigen Malen wirklich nicht mehr sehen kann. Aber ich weiß auch, dass ich hier nicht rauskommen werde, bevor ich wieder ein normales Gewicht erreicht habe, also einigen wir uns auf zwei zusätzliche Milchmixe am Tag.

Von dem Milchmix bekomme ich allerdings ziemlich unangenehme Magenschmerzen und mein Bauch bläht sich davon jedes Mal total auf. Ich fühle mich fett und vollgefressen und bin nach jeder Zwischenmahlzeit total wütend und aggressiv.

Einmal kommen mich Mama und Papa besuchen, nachdem ich gerade einen Milchmix getrunken habe. Ich kann mich gar nicht richtig über den Besuch freuen, weil ich mich so schlecht fühle, und lasse die ganze Wut an meinen Eltern aus.

»Also, um uns von dir anschreien zu lassen sind wir aber nicht hergekommen«, sagt meine Mutter.

Das löst noch mehr Wut in mir aus, sodass ich auf einmal anfange zu heulen und rumzuschreien.

»Ihr habt doch keine Ahnung, was ich hier alles durchmachen muss! Ihr könnt ja gleich wieder nach Hause fahren und in euren Alltag zurückkehren. Aber ich muss hierbleiben.

*Ich kann mich gar nicht
mehr bremsen vor Wut.
»Du bist schuld daran,
dass ich hier wertvolle Zeit
meines Lebens ans Fettwerden
verschwende, Mama!«*

Geht ihr doch mal ein paar Monate lang in eine Psychiatrie, dann seht ihr mal, wie das ist!« Ich kann mich gar nicht mehr bremsen vor Wut. »Du bist schuld daran, dass ich hier wertvolle Zeit meines Lebens ans Fettwerden verschwende, Mama!«

Meiner Mutter laufen die Tränen über die Wangen.

»Du hast mir ja keine andere Wahl gelassen! Sollte ich dir etwa weiter dabei zusehen, wie du dich langsam zu Tode hungerst? Das hätte ich nicht ertragen. Du weißt, dass es keinen anderen Ausweg mehr gab!«

Auch mein Papa, der sonst immer so lieb zu mir ist, wird jetzt wütend: »Jetzt hör endlich auf, uns anzuschreien, Laura!«, sagt er, »Deine Mutter wollte dir nur helfen, als sie dich eingewiesen hat!«

»Das hat sie damit aber nicht getan!«, schreie ich ihn an und bereue im nächsten Moment, was ich gesagt habe.

Was ist denn bloß los mit mir? Warum kann ich mich nicht einfach mal beherrschen? Bei jeder Kleinigkeit bin ich sofort total gereizt und verursache einen riesigen Streit. Es tut mir alles so leid. Meine Eltern tun mir leid. Aber ich bin fix und fertig mit mir und meinem Leben. Ich kann einfach nicht mehr. Zu viele Schuldgefühle, zu viel Wut und Selbsthass haben sich in mir angestaut und ich weiß einfach nicht, wie ich diese Gefühle jemals wieder loswerden soll. Heulend stürme ich aus dem Zimmer, knalle meinen Eltern, die immer viel zu gut zu mir sind, die Tür vor der Nase zu und schließe mich im Bad ein. Das Licht lasse ich aus. Ich will nichts mehr sehen und hören. Ich will einfach nur verschwinden von dieser Welt.

Ich rutsche mit dem Rücken die Wand herab und lasse mich auf die harten Fliesen fallen. In meiner Hosentasche habe ich eine Spiegelscherbe aufbewahrt, die ich bei meinem letzten Wutanfall aus dem Spiegel meiner Puderdose geschlagen habe. Seitdem trage ich sie immer mit mir rum. Nur für den Notfall.

Und das hier ist ein Notfall. Ich nehme die Scherbe aus meiner Tasche und kremple meinen einen Ärmel hoch. Langsam ziehe ich eine spitze Kante der Scherbe über meinen Unterarm. Es tut in diesem Moment so gut, den Schmerz zu spüren. Irgendwie ist das Gefühl so befreiend. Doch im nächsten Moment wird mir bewusst, was für einen Blödsinn ich da eigentlich gerade gemacht habe. Das ist doch auch keine Lösung, zumindest nicht auf Dauer. Wieder strömen Tränen aus meinen Augen. Ich kann mich gar nicht mehr beruhigen.

Scheiße, Laura! Du machst dir noch dein ganzes Leben kaputt, wenn du dich nicht bald mal in den Griff bekommst!

Ich schalte das Licht an, um zu gucken, wie schlimm ich mich gerade verletzt habe. Mein Arm ist ein bisschen blutig, aber es ist zum Glück nicht ganz so schlimm. Ich kremple meinen Ärmel wieder runter und verlasse das Bad. Zurück in meinem Zimmer, nehme ich meine Eltern beide fest in den Arm und sage: »Es tut mir so leid.«

Ich hoffe, dass sie mir noch einmal verzeihen können, denn ich selbst kann es nicht. Ich bin so wütend auf mich. Und das alles nur wegen eines blöden Getränks.

Rückblick von Lauras Vater

Wenn ich in der Klinik zu Besuch war, redete meine Tochter jedes Mal wie ein Wasserfall: von riesigen Scheiben Brot, die kein Mensch in einer halben Stunde aufessen könne, oder von den übertrieben großen Milchdrinks. Laura ließ einen gar nicht mehr zu Wort kommen. Sie redete nur noch vom Essen, ununterbrochen. In der Klinik sei alles unmenschlich und man würde ständig gemästet.

Einmal, kurz bevor Lauras Mutter und ich unsere Tochter in der Klinik besuchten, musste sie mal wieder einen dieser »unmenschlich großen« Milchdrinks zu sich nehmen. Bei unserem Besuch bekamen wir dann ihren ganzen Frust ab, der sich über die Teezeit in ihr angestaut hatte. Laura legte sich in ihrem Zimmer aufs Bett und fing an zu weinen. Als ich sie fragte, was denn bloß los sei, da zog sie ihr T-Shirt hoch und antwortete: »Schaut euch doch mal an, wie fett ich bin! Mein Bauch ist völlig aufgequollen!«

Aus meiner Sicht war sie dünn. Viel zu dünn, sodass es schon nicht mehr schön aussah. Ich fragte Laura, ob sie denn mal einen echten dicken Bauch sehen wolle, denn ich, 1,85 Meter groß und 98 Kilo schwer, habe wirklich einen Bauch. Laura meinte nur, ich würde ganz normal aussehen. Dann fing sie an zu weinen und verließ das Zimmer, indem sie die Tür hinter sich zuknallte.

ENDE OKTOBER

Am nächsten Tag sitze ich zum zweiten Frühstück ganz allein mit meinem Milchmix in der Küche. Die Betreuer haben gerade etwas Wichtiges im Stationszimmer zu besprechen und Ines hat gesagt, ich solle einfach kurz zum Stationszimmer kommen und ihr die leere Tasse zeigen, wenn ich ausgetrunken habe. Ich nutze die Gelegenheit natürlich aus, vergewissere mich, dass ich auch wirklich unbeobachtet bin, und kippe die ganze Milch in den Mülleimer hinter mir. Es ist eine ekelhafte Vorstellung, wenn man daran denkt, wie die fettige Milch zusammen mit den anderen Essensresten in dem Mülleimer schwimmt, und die Putzfrau, die den Müll leeren muss, tut mir jetzt schon leid. Aber wäre ich in die Küche gegangen, um die Milch in die Spüle zu schütten, hätte mich womöglich jemand gesehen.

Abends in der Handyzeit telefoniere ich oft mit meiner Mutter und jedes Mal schreie ich sie dabei an. Ich beschimpfe sie, weil sie mich in die Klinik eingewiesen hat. Gebe ihr die Schuld dafür, dass ich nun in meinem Leben alles verpasse: mein Abi, meine Fahrstunden, gemeinsame Zeit mit meinen Freunden. Ich verkünde ihr, dass ich mich umbringen wolle, weil mein Leben keinen Sinn mehr hätte, wenn ich zunehmen und dick werden müsse.

Jedes Telefonat endet damit, dass wir beide in Tränen ausbrechen. Oft höre ich Michi im Hintergrund, wie er ganz aufgebracht zu meiner Mutter sagt: »Jetzt leg endlich auf! Sie zieht dich nur wieder mit runter!«

Nach jedem Telefonat bin ich so fertig, dass ich mich völlig erschöpft auf den kalten und nassen Rasen des Klinikgartens fallen lasse und minutenlang im Dunkeln vor mich hin weine, während ich an meinen Armen rumkratze, um mich durch den Schmerz von meinen anderen Problemen abzulenken.

Ich hasse mich so sehr dafür, dass ich meiner Mutter das antue. Wie egoistisch bin ich eigentlich? Ich denke immer nur an meine scheiß Essstörung. Wie es den anderen geht, vergesse ich dabei. Alle leiden so sehr darunter, dass ich immer noch in meiner Magersucht feststecke, und das zu wissen tut mir so unendlich weh. Aber ich weiß einfach nicht, was ich machen soll. Kann mich noch immer nicht entscheiden zwischen meinem Leben und meiner Sucht.

*

Wie jeden Montag geht meine Station auch heute wieder in die Krankenhauskantine, um dort Mittag zu essen. Sonst wird uns das Mittagessen immer gebracht. Leider schmeckt das Essen in der Kantine überhaupt nicht, aber trotzdem müssen sich alle magersüchtigen Patienten eines der beiden Tagesgerichte aussuchen, von denen wir dann von der Köchin gleich eine riesige Portion auf den Teller geklatscht bekommen. Dazu gibt es zu allem Überfluss auch noch Vorspeisen und Desserts, die wir uns natürlich mit auf das Tablett stellen müssen. Wir sollen schließlich mal was anderes ausprobieren als unsere chronische Diätkost, so die Betreuer.

Als wir an einem Montag mal wieder zum Essen in die Kantine gehen, kommen Becks und ich als Erste an dem für unsere Station reservierten Tisch an. Wir vergleichen gerade die Größen unserer Portionen, da bemerke ich, dass sich Becks gar nicht den Salat genommen hat, den es heute als Vorspeise gibt. Ich ärgere mich darüber, dass ich den Salat im Gegensatz zu ihr genommen habe, und denke nun schon wieder darüber nach, wie ich ihn am besten unbemerkt loswerden kann, bevor die Betreuer an den Tisch kommen, denn ich will auf keinen Fall mehr essen müssen als jemand anderes.

Mir fallen die Gardinen der Kantine in die Augen. Warum verstecke ich meine Salatschüssel nicht einfach dahinter? Gedacht, getan. Mein Herz rast, als ich meinen Salat auf die Fensterbank hinter den Gardinen stelle, weil ich riesige Angst davor habe, von einem Betreuer erwischt zu werden. Ich kann gerade noch auf meinen Platz schlüpfen, bevor die anderen kommen. Glück gehabt, niemand hat etwas von meiner Schummelei mitbekommen und ich kann wenigstens ein paar Kalorien umgehen.

Aber jetzt habe ich immer noch eine riesige Portion Lasagne auf meinem Teller liegen, die ich unmöglich schaffen kann und auch gar nicht schaffen will. Die Lasagne ist mit so viel Käse überbacken, dass sich das ganze Fett oben angesammelt hat und ich mich fast darin spiegeln kann. Am liebsten würde ich das Fett mit meiner Serviette abtupfen oder den Käse am besten ganz weglassen. Aber das geht alles nicht. Dann denken die Betreuer nur, dass ich immer noch total krank bin, und bezeichnen mein Essverhalten wieder als unnormal. Ich will nicht, dass sie so von mir denken, denn ich will ja schnell wieder hier raus. Also stopfe ich das Mittagessen, vor dem ich mich so sehr ekle, in mich hinein und spiele mal wieder allen vor, ich sei auf dem Wege der Genesung.

*

Der Herbst bricht langsam herein und verzaubert das Krankenhausgelände in eine goldene Landschaft. Mein Stiefvater kommt mich nun häufiger in der Klinik besuchen und oft gehen wir dann in dieser wunderschönen Herbstlandschaft spazieren, während wir lange Gespräche führen. Er kennt mich ganz genau und weiß, wie ich ticke. Ich muss nicht viel sagen, damit er mich versteht. Gerade deshalb kann er mir so gut helfen.

Ich erzähle Michi davon, wie sehr es mich belastet, dass ich immerzu unter so einem enormen Stress stehe. Dass ich nie richtig abschalten kann und mein Kopf immerzu am Rattern ist. Da nimmt er mich plötzlich bei der Hand, geht in einer normalen Spaziergeschwindigkeit weiter und hält mich fest, weil ich fast schon renne, als wäre ich auf der Flucht vor irgendetwas.

»Siehst du, genauso macht das deine Mutter auch immer. Die kann auch nie abschalten, steht immer unter Druck«, sagt er mir.

»Aber was hat das mit meiner Gangart zu tun?«, frage ich.

»Dass du nie Ruhe finden kannst, wenn du sogar bei einem Spaziergang, der eigentlich entspannend sein soll, so dermaßen unter Stress stehst.« Er hält meine Hand immer noch fest. »Komm, wir versuchen jetzt mal, ganz ruhig und entspannt weiterzugehen. Meinst du, du bekommst das hin?«

»Ich kann es versuchen.«

Ich lasse mich auf sein Experiment ein, und tatsächlich! Auf der restlichen Strecke renne ich ihm nicht mehr davon und auch als er meine Hand wieder loslässt, bekomme ich es hin, einfach ganz gelassen neben ihm herzugehen.

Auf einmal strengt mich der Spaziergang gar nicht mehr so sehr an und endlich komme ich, während ich rede, auch mal zum Atmen.

Wenn ich Michi damals nicht gehabt hätte, wäre ich, glaube ich, verloren gewesen. Er war so was wie ein zweiter Therapeut für mich. Noch heute denke ich oft an die vielen Ratschläge zurück, die er mir damals gegeben hat, und nehme sie mir sehr zu Herzen. Ich glaube, unsere vielen Gespräche haben dazu beigetragen, dass ich mich endlich ein bisschen von meiner Krankheit lösen konnte, und auch das Essen fiel mir nach jedem seiner Besuche leichter.

*

Mit dem Essen tue ich mich zu Hause immer noch sehr schwer, lasse sogar manche Mahlzeiten ausfallen. Es gibt wieder oft Streit und ich gebe meiner Mutter die Schuld dafür, dass ich mein halbes Leben verpasse und mein Abitur nun nicht zusammen mit den anderen machen kann, weil sie mich in die Klinik eingewiesen hat.

Auch Oma Christa kommt mich häufig besuchen. Meine Oma ist wie eine Art Seelsorgerin für mich. Ich kann ihr alles anvertrauen und sie versteht mich einfach immer. Ihre Besuche sind wirklich eine große Hilfe für mich. Sie kommt fast jede Woche und bald kriegt sie mich sogar dazu, mit ihr einen Latte macchiato in der Krankenhauskantine zu trinken. Es ist das erste Mal, dass ich zwischen den vorgeschriebenen Mahlzeiten noch etwas zu mir nehme, und ich bin mir noch sehr unsicher dabei, weil ich nicht weiß, was dieses Getränk mit mir machen wird.

Doch beim nächsten Wiegen stelle ich fest, dass sich an meinem Gewicht nicht viel verändert hat, so schlimm kann der Latte macchiato also nicht gewesen sein. Und so wird es bald zum Ritual, dass wir beide bei jedem Wiedersehen erst mal in die Kantine gehen. Bald kann ich es sogar kaum noch erwarten, wieder einen Latte macchiato mit meiner Oma zu trinken.

Es ist schön zu wissen, dass meine Oma immer für mich da ist und ich mit ihr über Themen reden kann, die andere Menschen aus ihrer Generation vielleicht nicht ganz nachvollziehen können. Aber bei ihr habe ich nie das Gefühl, dass sie mich nicht versteht. Sie ist eine Frau, die im Geiste jung geblieben ist, und dafür bewundere ich sie. So wie sie möchte ich später auch einmal sein.

*

Louise ist mein Draht zur Außenwelt. Ohne ihre Besuche würde ich ja nichts mehr davon mitbekommen, was sich in unserem Jahrgang und im Freundeskreis so tut. Wer ist mit wem zusammen und wer hat die elfte Klasse nicht geschafft?

Sie ist die einzige Freundin, die mich während meiner ganzen Klinikzeit regelmäßig besucht. Wenn sie da ist, kann ich meine Sorgen für einen Moment vergessen und mich einfach wie ein normales Mädchen fühlen.

Am Ende des Monats erreiche ich zum ersten Mal die Stufe drei, ohne vor dem Wiegen etwas zu trinken, und ein kleines bisschen bin ich sogar stolz darauf.

Stufe drei bedeutet auch, dass ich, wie alle anderen Patienten, endlich an den Wochenenden nach Hause darf. Ich darf zwar noch nicht zu Hause übernachten, aber wenigstens kann ich die Klinik überhaupt für ein paar Stunden verlassen.

Mit dem Essen tue ich mich zu Hause immer noch sehr schwer, lasse sogar manche Mahlzeiten ausfallen. Es gibt wieder oft Streit und ich gebe meiner Mutter die Schuld dafür, dass ich mein halbes Leben verpasse und mein Abitur nun nicht zusammen mit den anderen machen kann, weil sie mich in die Klinik eingewiesen hat. Auf Michi bin ich auch sauer, weil ich von seiner realistischen Sicht auf meinen Zustand nichts hören will. Ich verdränge die Wirklichkeit, meine Probleme, und flüchte mich wieder in meine Essstörung.

Bald schreien wir uns nur noch an, wenn ich übers Wochenende zu Hause bin. Es ist unerträglich. Einerseits habe ich starke Schuldgefühle und mir tut alles, was ich meiner Familie mit meiner Krankheit antue, so unendlich leid. Aber andererseits kocht auch eine starke Wut in mir.

Ich falle jedes Wochenende in ein tiefes Loch, weine und weine und kann gar nicht mehr damit aufhören. Ich ertrage diesen seelischen Schmerz einfach nicht mehr, fange wieder an, mich zu verletzen. Aber auch das hilft mir nicht dabei, die depressiven Gedanken zu verdrängen. Im Gegenteil: Es macht alles nur noch schlimmer.

Nach einem jeden Wochenende bin ich heilfroh, wieder in die Klinik fahren zu dürfen. Ich kann mir gar nicht mehr vorstellen, zu Hause zu leben. Jedes Wochenende werde ich dort rückfällig, höre auf zu essen oder verletze mich selbst. In der Klinik fällt mir alles so viel leichter.

Rückblick von Lauras Oma Christa

Nachdem sich mein Sohn von Lauras Mutter getrennt hatte, sah ich meine Enkeltochter nicht mehr so regelmäßig. Deshalb erkannte ich Laura zuerst gar nicht, als ich sie in diesem Sommer eines Tages einmal zufällig aus dem Auto heraus sah: eine junge blonde Frau mit Pferdeschwanz, gertenschlank und mit einer sehr aufrechten Haltung auf dem Fahrrad.

Ein paar Tage später kam sie mich mit ihrer Mutter zum Kaffeetrinken besuchen. Und da sah ich es: Laura war so schlank, sie hatte fast 20 Kilo abgenommen! Ich glaube, mir war damals noch nicht klar, in welcher Gefahr sie sich befand. Es war wohl so, dass ich einfach dachte, junge Frauen würden schon mal dazu neigen, sich zu dick zu finden und sich deshalb einige Kilos abzuhungern. Aber gleich 20?

Es war auch nicht so, dass Laura gar nichts aß, es war nur ziemlich wenig und sie brauchte zum Beispiel sehr, sehr lange für das eine Stück Kuchen, das sie an diesem Tag bei mir aß.

Lauras Mutter, die ja viel mehr mit ihrer Tochter zusammen war, und auch ihre andere Oma, erkannten viel eher, dass Laura krank war.

Als Laura dann im August in die Klinik kam, habe ich sie regelmäßig dort besucht. Der Dienstag war meist unser Tag. Während meiner Besuche habe ich dann auch gesehen, dass sie alles dafür tat, um ja nicht wieder an Gewicht zuzulegen: Sie war an einen Monitor angeschlossen und sollte sich ausruhen, um keine Kalorien zu verbrennen, aber was tat sie? Sie bewegte andauernd ihre Beine, um doch irgendwie etwas Fett (welches Fett?) loszuwerden. Laura erzählte mir auch ganz stolz, wie sie es immer wieder schaffte, das Aufsichtspersonal auszutricksen, wenn es darum ging, ihr Essen so auf dem Teller zu verschmieren, dass sie nicht alles aufessen musste, weil überall am Tellerrand ein paar Reste übrig blieben. Aber ich war froh, dass sie überhaupt so viel Vertrauen zu mir hatte, um mir von ihren Schummeleien zu erzählen.

Später, auf der psychiatrischen Station, gab es dann Beschäftigungstherapie, und Laura fing damit an, Gitarre zu lernen. Sie verfasste auch eigene Texte und ich glaube, sie konnte sich so manchen Kummer von der Seele spielen und singen.

Aber mit dem Essen war das immer noch so eine Sache: Laura, die früher immer gern gegessen hatte, bekam sofort ein schlechtes Gewissen, wenn sie einmal mehr essen sollte, als auf ihrem Essensplan stand. Ich habe sie nie dazu gedrängt, etwas zu essen, was sie nicht wollte. Stattdessen versuchte ich, sie mit Getränken zu locken. Wir gingen oft zusammen in die Cafeteria des Krankenhauses, in der ich jedes Mal einen Latte macchiato trank. Als sie mich eines Tages endlich fragte, ob ich für sie auch einen bestellen könne, war meine Freude riesengroß.

Ines macht mir den Vorschlag, eine Liste aufzustellen von all den Lebensmitteln, die ich früher mal gern mochte, mich aber jetzt nicht mehr zu essen traue, weil sie zu viele Kalorien haben. Ich soll die Liste nach und nach abarbeiten, um wieder mehr Sicherheit im Umgang mit kalorienreichen Lebensmitteln zu gewinnen. Erst macht mir diese Idee Angst, denn ich habe mir doch extra angewöhnt, auf all das leckere Essen zu verzichten, um dünn zu bleiben. Und jetzt soll ich mir das plötzlich alles wieder erlauben? Was, wenn ich dabei die Kontrolle verliere und nicht mehr mit dem Essen aufhören kann, weil es so lecker schmeckt? Ich habe immer noch Angst vor Fressanfällen, obwohl ich mir in den letzten Monaten eigentlich bewiesen habe, dass ich genug Kontrolle über mich habe.

Als ich aber am Abend allein in meinem Zimmer sitze, packt mich die Lust, tatsächlich so eine »Verbotene Liste« anzufertigen. Ich erinnere mich an den Duft von warmen Schmalzkuchen mit Puderzucker und selbstgebackenen Zimtsternen, an Omas Semmeln mit Nutella und an Mamas leckeren Käsekuchen. Ich versuche, mich an den Geschmack von gefüllter Pizza zu erinnern, denke an Schokolade und Kakao, knusprige Chips und frisch gebackenes Kräuterbutterbaguette. Das alles sind Sachen, auf die ich lange verzichtet habe, obwohl ich sie doch eigentlich gern mag.

Nur, um immer dünner zu werden. Damit soll jetzt endlich Schluss sein, beschließe ich, und nehme mir vor, in den nächsten Tagen tatsächlich etwas von meiner Liste abzuhaken.

Da ich in letzter Zeit gut zugenommen habe, frage ich Ines, ob ich zum Abendbrot am nächsten Besuchstag mal auswärts essen gehen darf. Sie freut sich, dass ich mir das endlich zutraue, und erlaubt es mir. Ich rufe sofort meine Mutter an und frage sie, ob sie Lust hat, in der nächsten Woche eine gefüllte Pizza mit mir essen zu gehen.

FRÜHER

Draußen regnet es in Strömen. Ein warmer Sommerregen. Mama und ich sitzen an diesem Abend auf dem großen Sofa in unserem Wohnzimmer und ärgern uns, dass das Fernsehprogramm nichts zu bieten hat. Wir wollten uns doch einen gemütlichen Sofaabend machen, aber ohne guten Film ist das irgendwie langweilig.

Wir sitzen noch eine Weile auf dem Sofa, da packt uns auf einmal eine riesige Lust auf gefüllte Pizza. In der Stadt gibt es einen Pizzastand, an dem wir uns jedes Mal eine Calzone holen, wenn wir daran vorbeikommen, weil sie da einfach am besten schmeckt. Der Teig ist dort richtig dick und knusprig und der Käse immer schön zerschmolzen.

Spontan fassen wir den Beschluss, aus unserem Sofaabend nun eben einen Pizzaabend zu machen. Mit Regenschirmen bewaffnet, rennen wir durch den warmen Regen zur Garage, schwingen uns in Mamas Auto und fahren mit aufgedrehtem Radio in die Stadt. Bei den Liedern im Radio singen wir laut mit und lachen dabei, während wir auf dem Weg zu unserem Lieblingsstand sind.

Am Ziel angekommen, bleibt Mama im Auto sitzen, während ich schnell zum Pizzaverkäufer laufe und zwei Calzonen bestelle. Er macht sie heute extra ganz frisch fertig und schon nach ein paar Minuten bekomme ich die dampfenden Pizzen in die Hand gedrückt. Ich springe wieder in Mamas Auto auf den Beifahrersitz, reiche ihr vergnügt ihre Calzone und dann machen wir uns wieder auf den Heimweg.

Ich habe erst Zweifel, ob ich die ganze Pizza allein schaffen kann, aber ich esse sie wirklich komplett auf. Danach bin ich zwar total satt und ein unangenehmer Druck macht sich in meinem Bauch bemerkbar, aber trotzdem bin ich froh, diesen Schritt gewagt zu haben.

Hungrig beißen wir beide in den leckeren Teig, freuen uns, dass wir so eine gute Idee gehabt haben, und scheren uns nicht darum, wie viele Kalorien wir wohl gerade verspeisen.

MITTE NOVEMBER

Es wird mal wieder Zeit, dass Mama und ich unserem Lieblingsstand einen Besuch abstatten, und so esse ich an diesem Abend zum ersten Mal wieder auswärts. Ich habe erst Zweifel, ob ich die ganze Pizza allein schaffen kann, aber ich esse sie wirklich komplett auf. Danach bin ich zwar total satt und ein unangenehmer Druck macht sich in meinem Bauch bemerkbar, aber trotzdem bin ich froh, diesen Schritt gewagt zu haben. Auf der Station berichte ich Ines freudig von meinem erfolgreichen Abendessen und stolz lächelt sie mich daraufhin an.

Nachdem auch die anderen fertig mit dem Abendbrot sind, kann ich es kaum erwarten, auch Becks von meinem Mut zu erzählen, und stürme auf sie zu. Wir nehmen uns zur Begrüßung in die Arme.

»Weißt du, was ich gerade gegessen habe?«, frage ich sie.

»Was denn? Erzähl!«

»Eine ganze gefüllte Pizza!«

Wir kreischen und hüpfen durch die Gegend und sind ganz außer uns vor Freude. Ich finde es toll, dass Becks sich so mit mir freuen kann und dass ich jetzt so weit bin, sogar anderen Magersüchtigen zu erzählen, was für eine Kalorienbombe ich gegessen habe. Ich schäme mich heute gar nicht dafür. Bin einfach nur erleichtert, mich überwunden zu haben.

Wieder bin ich meinem Ziel, gesund zu werden, einen Schritt näher und die Vorstellung, es vielleicht bald ganz geschafft zu haben, fühlt sich unglaublich gut an.

DEZEMBER

Es ist der erste Advent und der Winter bricht langsam ein. Draußen wird es immer früher dunkel und meine Finger und Zehen sind oft weiß und taub, meine Nägel lila vor Kälte. Mein Körper hat keine Kraft mehr dafür, sie zu durchbluten. Ich wiege 52,9 Kilo und habe laut Kinder-BMI kein Untergewicht mehr. Zunehmen muss ich trotzdem noch, weil ich mit meinen 18 Jahren nicht mehr als Kind durchgehe. Die Weihnachtsmärkte haben bereits geöffnet und ich freue mich, dass ich mich wieder an kleine Naschereien herantraue.

An einem Nachmittag dürfen Tina und ich die Klinik für ein paar Stunden verlassen. Wir gehen auf einen der weihnachtlichen Märkte und essen dort zum ersten Mal seit unserer Erkrankung wieder Schmalzkuchen. Für Schmalzkuchen hat mein Herz schon immer geschlagen, aber als ich zu Beginn meiner Essstörung die Nährwerte dieses frittierten Gebäcks im Internet nachgesehen hatte, hatte ich beschlossen, nie wieder welche zu essen. Inzwischen bin ich so weit, mir doch mal wieder eine kleine Tüte Schmalzkuchen zu gönnen, und da ich es gemeinsam mit Tina tue, fällt es mir auch nicht ganz so schwer.

Ich weiß noch heute, wie glücklich wir in dem Moment waren, als uns der Verkäufer die heißen, duftenden Schmalzkuchen in die Hand drückte. Tina hatte mindestens genauso lange wie ich darauf verzichtet, und wir beide waren froh, dieses leckere Weihnachtsgebäck endlich wieder genießen zu können.

*

Ein paar Tage später wird für das Mittagessen auf der Station kein vegetarisches Gericht, sondern nur ein Eintopf mit Fleischklößchen angeliefert. Ich bin zwar keine Vegetarierin, habe mich in der Mittagsliste der Klinik aber gleich bei meiner Einweisung für das fleischlose Essen eingetragen, in der Hoffnung, damit immer die kalorienärmere Mahlzeit zu treffen. Ines sagt, dass die Vegetarier ja mit der Suppenkelle um die Klößchen rumfischen können, damit wir trotzdem eine Suppe ohne Fleisch haben. Ich beginne also mit größter Mühe, mir genügend Gemüse und nicht nur die flüssige Brühe aus dem Topf zu fischen, um es Ines recht zu machen. Ich habe keine Lust, mir anhören zu müssen, dass ich ja nur die ganzen Kalorien umgehen will. Denn das will ich mittlerweile wirklich nicht mehr. Zumindest an manchen Tagen kommt die Einsicht schon bei mir durch.

»Da ist ja fast nur Brühe auf deinem Teller! Du solltest dir schon noch etwas Festes mit auf den Teller tun«, unterbricht Ines im nächsten Moment mein konzentriertes Herumgefische in der Suppe.

Wut über ihre Worte kocht in mir auf, habe ich mir doch eigentlich solche Mühe gegeben, alles richtig zu machen. Ich fische weiter im Suppentopf rum und versuche, dieses Mal noch mehr von dem Gemüse in die Kelle zu bekommen. Als ich das Gemüse zu der restlichen Brühe auf meinem Teller kippe, sieht man es fast nicht mehr, weil es in der flüssigen Suppe untergeht.

»Willst du mich eigentlich veräppeln? Diese drei Erbsen holen es jetzt auch nicht raus!«, wirft mir Ines wieder vor.

Dabei habe ich doch noch so viel nachgenommen! Meine Suppe schwimmt schon beinahe über den Tellerrand hinweg. Ich habe wegen der blöden Fischerei um die Fleischklößchen nun noch viel mehr als alle anderen auf dem Teller. Und damit nicht genug: Jetzt muss ich mir ja auch noch eine Scheibe Brot zu dem Eintopf nehmen. Diese Regel gilt für alle magersüchtigen Patienten, wenn Suppe auf dem Speiseplan steht. Suppe allein hat ja nicht genug Kalorien für uns.

»Darf ich mir einen Toast dazu nehmen?«, frage ich Ines, weil ich finde, dass Schwarzbrot zu sehr stopft.

»Nein. Du weißt doch, dass das nicht ausreichend ist«, antwortet sie und guckt mich dabei an, als wäre ich nicht mehr ganz bei Verstand.

Ohne zu widersprechen, nehme ich mir also eine große Scheibe von dem Schwarzbrot, denn in der Zwischenzeit haben sich die anderen Essgestörten längst die begehrten kleinen Scheiben gegriffen.

Weil dieses ganze Suppenchaos so viel Zeit in Anspruch genommen hat, können wir erst um Viertel nach zwölf mit dem Essen anfangen, also 15 Minuten später als sonst.

Trotzdem bin ich dann schon um halb eins fertig, so schnell habe ich mein Mittagessen bis dahin noch nie geschafft. Statt Lob zu ernten, werde ich allerdings nur von Ines darauf hingewiesen, dass zwei Krümel von meinem Brot neben dem Teller gelandet sind. Ob das etwa ein Schummelversuch sein solle?

Ich koche. Brodle. Bin ein Vulkan, kurz davor zu explodieren.

Ich hasse meine Bezugsperson! Ihr aufgesetztes Lächeln, ihr freundliches Getue, ihre gestresste Art, ihr unfaires Behandeln! Ich reiße mir hier wirklich den Arsch auf, um alles genau so zu machen, wie sie es von mir erwartet, esse Mengen wie ein Wildschwein, und wo bleibt nun die Anerkennung dafür? Bemerkt sie überhaupt, wie viel Mühe ich mir gebe, oder ist sie nur in der Lage, Negatives wahrzunehmen?

Ich bin an diesem Tag froh, dass meine Station neben Ines noch andere Betreuer hat, die ich viel netter finde. Wenn ich in Zukunft Probleme habe, dann will ich damit nicht mehr zu Ines gehen. Dann suche ich mir eben von nun an andere Betreuer dafür aus.

*

Auf unsere Station wird ein neues magersüchtiges Mädchen eingewiesen. Katha. Sie ist wie Becks bereits zum zweiten Mal hier. Bei dem ersten Stationsausflug, an dem Katha auch teilnehmen darf, gehen wir auf den großen Weihnachtsmarkt in der Stadt. Wir müssen vorher mit unseren Bezugspersonen absprechen, was für Essen wir uns dort kaufen, damit die Betreuer, die uns auf den Markt begleiten, auch überprüfen können, ob wir die Abmachungen einhalten. Ich entscheide mich für eine große Zimtbrezel, Katha für Schmalzkuchen.

Ich habe kein Problem mehr damit, mir so eine Kalorienbombe in der Öffentlichkeit zu kaufen, nur das Essen bereitet mir noch Probleme. Ich knabbere länger als eine Stunde an meiner Brezel rum, denn sie ist wirklich riesengroß und macht mich extrem satt. Ein bisschen bereue ich meine gewagte Entscheidung schon wieder. Hätte ich mich mal auch für Schmalzkuchen entschieden … Für Katha beginnt das Drama schon vor dem Kauf ihrer Schmalzkuchen. Am Stand angekommen, schießen ihr Tränen in die Augen.

»Ich schaff das nicht. Ich schaff das nicht«, sagt sie immer wieder. Sie tut mir leid und ich denke an die Zeit zurück, in der ich selbst noch so tief in der Magersucht steckte, wie sie es jetzt tut. Ich bin froh, dass es mittlerweile anders ist und ich den schlimmsten Teil hinter mich gebracht habe. Nach viel Überredungskunst vonseiten eines Betreuers kauft sie sich die Schmalzkuchen doch noch, führt sie dann aber mehr in der Gegend spazieren, als sie zu essen.

Ich erzähle ihr, wie es war, als Tina und ich uns vor Kurzem zum ersten Mal wieder getraut haben, Schmalzkuchen zu essen, und wie glücklich wir danach waren. Dass es überhaupt nicht schlimm ist, wenn man sich so etwas ab und zu mal erlaubt, und dass ich mächtig stolz auf sie bin, dass sie sich getraut hat, welche zu kaufen.

Gerade mal die halbe Tüte hat sie nach unserem Gang über den ganzen Weihnachtsmarkt aufgegessen, aber immerhin etwas! Für den Rest drückt der Betreuer ein Auge zu. Hinterher bedankt sie sich bei mir, weil ich ihr mit meinen Worten Mut gemacht habe, und ich fühle mich großartig, weil ich ihr helfen konnte.

Zurück auf der Station, sehe ich Becks wieder, die heute mit einer anderen Projektgruppe unterwegs war. Sie berichtet mir von dem leckeren Zimt-Muffin, den sie gegessen hat, und ich freue mich wahnsinnig für sie. Zu wissen, dass wir alle endlich ein paar Fortschritte machen, fühlt sich so gut an.

*

Doch obwohl es so aussieht, als wären wir alle auf einem guten Weg in Richtung Gesundheit, nimmt die Gewohnheit noch einen großen Teil unseres Alltags ein. Es fängt schon jeden Morgen damit an, dass wir uns kurz vor dem Frühstück vor dem Essensraum versammeln. Um halb acht will jede von uns die Erste sein, die den Raum betritt, um die beste Auswahl an Broten zu haben. Wer zuletzt kommt, hat häufig das Pech, dass keine kleinen und dünnen Brotscheiben mehr da sind, sondern nur noch welche von den großen und dicken. Und die will hier niemand, die haben zu viel Gewicht, zu viele Kalorien. Vor dem Abendbrot ist es dasselbe Spiel, nur dass noch der Stress hinzukommt, eine von den Putenbrustscheiben zu ergattern, von denen es meist nicht genug für alle gibt. Niemand will Schinken oder Käse auf sein Brot legen, das ist alles zu fettig.

*

Heiligabend rückt näher und näher. Ich habe mit Ines abgemacht, dass ich über die Weihnachtstage zwei Nächte zu Hause schlafen darf, wenn ich bis dahin die vierte Stufe erreicht habe. Dank der vielen Naschereien, die die Weihnachtszeit mit sich bringt, fällt es mir dieses Mal zum Glück gar nicht mehr so schwer, die nächsthöhere Stufe zu erreichen. In den Wochen vor Weihnachten gehe ich oft mit meinem jeweiligen Besuch auf den Weihnachtsmarkt. Einmal bin ich mit meinem Papa dort und entdecke einen großen Lebkuchenstand. Er kauft mir zwei: einen für jetzt, den anderen für meine Spätmahlzeit. Der erste schmeckt so lecker, dass ich den zweiten gleich hinterher esse und wir auf dem Rückweg noch mal an dem Stand vorbeigehen müssen, um mir einen neuen Lebkuchen für die Spätmahlzeit zu kaufen.

Außerdem bin ich jetzt in der Essgestörten-Kochgruppe, in der wir uns einmal in der Woche treffen, um Mahlzeiten für uns zu kochen, die wir uns allein noch nicht zutrauen. Das Essen vor den anderen fällt mir zwar immer noch sehr schwer, aber das Kochen macht mir viel Spaß.

Eigentlich mache ich im Dezember einen Fortschritt nach dem anderen. Ich arbeite immer mehr verbotene Lebensmittel von meiner Liste ab und darf mir mein Mittagessen inzwischen sogar selbst auftun. Auch meine Brote darf ich endlich selbst schmieren. Die Betreuer werfen zwar immer noch ein Auge auf mich, aber aus meinen diätetischen Brotaufstrichen werden bald schon akzeptable und auch mein Gewicht nähert sich immer mehr der Stufe vier.

*

Am Wochenende vor Weihnachten verbringe ich mit Becks, Tina und Jessy einen ganzen Tag in der Stadt. Die meiste Zeit davon schlendern wir wieder über den Weihnachtsmarkt, essen Crêpes zum Mittag und kaufen uns für die Teezeit Lebkuchen bei dem Stand, an dem ich zuvor schon mit meinem Vater war.

Unsere Teezeit verbringen wir im Kino. Wir schauen uns einen Silvesterfilm an, der auf das neue Jahr einstimmt. In dem Film scheint das Leben so einfach zu sein, alle Schauspieler sind unheimlich glücklich, immer mit einem Lächeln im Gesicht. Der Film macht uns Mut, dieses Glück auch wieder in unser Leben zu lassen. Er zeigt uns, wie viel Spaß man als Frau haben kann, wenn man jeden Tag genießt und nicht immer nur an Kalorien denken muss. Auf dem Heimweg unterhalten wir uns noch eine ganze Weile über unsere Filmeindrücke, und auf einmal fühlt es sich so an, als wäre es alles wirklich nicht so schwierig: das Leben und das Glücklichsein.

Bevor wir zurück in die Klinik fahren, kaufen wir uns alle noch etwas Leckeres beim Bäcker, was wir zur Spätmahlzeit auf der Station essen können.

An diesem Tag geben wir uns gegenseitig ungeheuer viel Kraft, sind auf einem guten Weg, die Krankheit hinter uns zu lassen, und genießen es, uns endlich wieder normalere Mengen an Essen erlauben zu können.

*

Am 22. Dezember befinde ich mich schon weit über der vierten Stufe und muss noch ein letztes Mal in die Kochgruppe. Übermorgen darf ich für drei Tage nach Hause.

Ich bin wie immer als Erste bei der Küche und muss vor der Tür auf die anderen warten. Ein kleines, ziemlich dünnes Mädchen kommt auf mich zu und stellt sich neben mich. Sie ist bestimmt erst zwölf oder 13 Jahre alt. Ich nehme an, dass sie die Neuaufnahme von Vikkis Station ist und heute zum ersten Mal an der Kochgruppe teilnehmen darf.

Sie musterte mich von oben bis unten und stellt mir dann die Frage: »Bist du auch wegen Anorexie hier?«

Die alten Gedanken ans Hungern tauchen wieder in meinem Kopf auf, und von einem auf den anderen Moment habe ich all das, was ich bis hierhin erreicht habe, vergessen. Bin ich wirklich schon so fett geworden, dass man mir meine Magersucht nicht mehr ansieht?

»Ja«, sage ich.

»Das sieht man gar nicht«, ist ihre Antwort und für mich bricht eine Welt zusammen.

In mir staut sich eine große Wut an. Nur mit viel Mühe kann ich die Tränen zurückhalten. Auf das Kochen habe ich jetzt gar keine Lust mehr, viel lieber würde ich im Boden versinken. Die alten Gedanken ans Hungern tauchen wieder in meinem Kopf auf, und von einem auf den anderen Moment habe ich all das, was ich bis hierhin erreicht habe, vergessen. Bin ich wirklich schon so fett geworden, dass man mir meine Magersucht nicht mehr ansieht?

Nachdem die Kochgruppe endlich überstanden ist, organisiere ich mir noch eine halbe Stunde bei meinem Therapeuten. Ich muss vor den drei Tagen, die ich über Weihnachten zu Hause sein werde, einfach noch mal dringend mit ihm reden. Weinend erzähle ich ihm, was das Mädchen aus der Kochgruppe zu mir gesagt hat.

»Versuch doch mal, ihre Worte als ein Kompliment zu sehen. Das ist doch ein gutes Zeichen dafür, dass du jetzt wieder fit und gesund aussiehst – im Gegensatz zu ihr«, will mir mein Therapeut weismachen.

Aber ich kann die Worte des kleinen Mädchens einfach nicht als Kompliment betrachten. Und außerdem will ich ja noch gar nicht gesund aussehen. Ich weiß eigentlich selbst nicht, was ich noch will. Bin hin- und hergerissen zwischen der gesunden und der kranken Seite in mir.

*

Die drei Weihnachtstage, die ich zu Hause verbringe, sind die schlimmsten Tage des gesamten Jahres für mich. Mein Zuhause weckt wieder alte Erinnerungen an die Zeit, in der ich in die

Essstörung gerutscht bin. Sobald ich unsere Küche betrete, um mir etwas zu essen zu holen, fange ich wieder an, alles vorher abzuwiegen und die Kalorien auszurechnen. Durch die ganze Beschäftigung mit Essen und Kalorien kreisen meine Gedanken über Weihnachten wieder nur um dieses eine Thema, und es gelingt mir einfach nicht, sie abzuschalten.

Heiligabend feiern wir wie jedes Jahr mit der Familie bei meinen Großeltern, weil der 24. Dezember auch der Geburtstag meines Großvaters ist. Neben der üblichen Weihnachtskarte mit einem Schein darin schenkt mir Oma Herti auch noch Schokolade und Marzipanherzen.

FRÜHER

»Willst du noch etwas essen?«, werde ich von Oma Herti gefragt. Wir sind auf der Geburtstagsfeier meiner Tante und Oma sitzt mir gegenüber. Meine Tante hat ein leckeres Kartoffelgratin mit viel Sahne und Käse für das Abendbrot gebacken. Meine Cousine hat allen eine große Portion davon auf den Teller getan. Lieber hätte ich mir meine Portion selbst aufgetan, dann wäre es etwas weniger gewesen. Da das die anderen aber sicher albern gefunden hätten, sage ich lieber nichts und finde mich halt mit der etwas größeren Portion ab. Das Gratin schmeckt total lecker, obwohl es so viele fettige Zutaten hat, aber nach meiner riesigen Portion bin ich erst mal satt. Warum fragt sie ausgerechnet mich? Warum niemand anderen?

»Oma. Wenn ich noch etwas will, dann kann ich es mir schon selbst nehmen!«

»Ich dachte nur, du hast vielleicht noch Hunger.«

Die Auflaufform mit dem Kartoffelgratin steht genau in der Mitte von Omas und meinem Platz, ich komme also genauso gut wie sie daran, und wenn ich noch etwas will, dann kann ich es mir auch selbst nehmen.

»Oma. Ich habe sogar eine viel größere Portion gegessen als du. Nimm dir doch selbst noch was nach.«

»Ich bin aber satt.«

Ach! Und ich soll noch weiteressen?

Sie wird es wohl nie verstehen. Nie verstehen, warum ich mich jedes Mal so bedroht fühle, wenn sie mich danach fragt, ob ich noch mehr essen will. Es fühlt sich jedes Mal so an, als hätte plötzlich jemand anderes als ich die Kontrolle über mich. Ich will nicht, dass andere darauf achten, was ich esse und ob es genug ist. Das will ich gefälligst selbst für mich tun!

*

Ich bin total überfordert mit meinem Weihnachtsgeschenk, schreie meine arme Oma an und pfeffere ihre Süßigkeiten gegen die Tür. Die Schokolade zerbricht in kleine Stücke und die Marzipanherzen fallen alle aus ihrer Verpackung heraus.

Heute tut mir das alles schrecklich leid. Meine Oma hat es damals ja nur gut gemeint und sich gefreut, dass ich wieder aß.

Oma Herti wurde geboren, als gerade Krieg in Deutschland war. Für ihre Generation muss es unsagbar schwer sein, so eine Erkrankung wie die Magersucht nachzuvollziehen. Damals war man froh, wenn es etwas zu essen gab. Zu ihrer Zeit hielt man keine Diäten, um sich freiwillig bis auf die Knochen runterzuhungern.

Aber versunken in meiner magersüchtigen Scheinwelt, bleibt mein Blick für die Realität am Heiligabend aus. Als meine Großmutter mir die ganzen Süßigkeiten schenkt, überkommt mich einfach eine solche Wut. Ich denke plötzlich, dass man mir die Magersucht nicht mehr ansieht, und fühle mich schrecklich unwohl in meinem Körper. Ich will nicht, dass alle denken, ich hätte im Kampf gegen meine Essstörung gesiegt, nur weil ich etwas zugenommen habe und in den Augen der anderen wieder gesund aussehe. Denn ich weiß, innerlich bin ich das noch lange nicht. Aber es kommt mir so vor, als beurteilten mich alle nur noch nach meiner Figur. An diesem Tag muss ich mir noch von vielen Verwandten, die mich nach meiner Klinikeinweisung zum ersten Mal wiedersehen, anhören, dass ich ja wieder so gut aussähe. Jedes Mal ist es wie ein Stich ins Herz, wenn ich das höre. »Gut« heißt immer noch dasselbe wie »fett«. Und fett will ich nicht sein. Dann bleibe ich lieber magersüchtig!

*

Am ersten Weihnachtstag habe ich morgens einen riesigen Hunger, aber ich kann mich einfach nicht zum Essen zwingen. Ich will mal wieder erleben, wie es ist, nichts zu essen, nachdem ich in der Klinik gar nicht mehr die Gelegenheit hatte, eine Mahlzeit ausfallen zu lassen. Mein Magen knurrt und ich koche mir einen Tee, um ihn zu füllen, ohne Kalorien zu mir zu nehmen. Einen grünen natürlich, denn der fördert die Fettverbrennung. Ich falle wieder total in die alten Verhaltensmuster zurück.

*

Am zweiten Weihnachtstag gehe ich für eine halbe Stunde joggen, statt mein Mittag zu essen, und schmeiße meine Medikamente in den Müll. Die Teezeit lasse ich auch ausfallen, denn zur gewohnten Zeit um 15 Uhr habe ich noch keinen Hunger und zu einem späteren Zeitpunkt will ich auch nichts mehr essen. Stattdessen sitze ich in meinem dunklen Zimmer, mit der Jalousie ganz unten, und heule mir die Augen aus.

Ich will nicht mehr auf dieser Welt leben! Ich habe keine Kraft mehr dazu. Ich hasse mein Leben und das, was ich aus mir gemacht habe. Warum kann sie nicht einfach fortgehen, die Magersucht? Warum kann es nicht irgendwelche verdammten Pillen dagegen geben? Irgendein Medikament, das einen wieder gesund macht, sobald man es schluckt. Aber das gibt es nicht. Ich muss es selbst schaffen. Aber wie? Wie, verdammt?

Ich bin froh, als es am dritten Abend endlich wieder zurück in die Klinik geht.

JANUAR

Im neuen Jahr tanke ich endlich neuen Mut, wieder gesund zu werden. Natürlich klappt das mit dem Essen nicht von heute auf morgen. Es gibt immer mal wieder Tage, an denen ich vergesse, wofür ich kämpfe, aber es wird besser. In den Besuchszeiten esse ich immer häufiger auswärts und so lande ich an einem Abend mit meiner Mutter in einem bayerischen Restaurant, in dem wir uns zu zweit ein ganzes Brot teilen. Dort gelingt es mir zum ersten Mal, die Kontrolle beim Essen fallen zu lassen.

Das Brot ist innen weich und luftig und außen schön knusprig und schmeckt mir so gut, dass ich zum ersten Mal versuche, mich nur auf mein Gefühl zu verlassen und so viel zu essen, wie ich will. Und es funktioniert! Ich weiß hinterher nicht, wie viele Scheiben ich von dem Brot gegessen habe, und fühle mich deswegen nicht mal schlecht.

Ich glaube, dieser Abend hat mir eine meiner wichtigsten Erfahrungen in dieser Zeit gebracht. Bis zu diesem Tag wusste ich am Ende eines jeden Tages ganz genau, was ich alles gegessen habe, inklusive Kalorienmenge. Ich brauchte diese Sicherheit einfach. Heute weiß ich es zum ersten Mal nicht und merke, dass mir das gar nichts ausmacht.

*

An einem anderen Abend gehe ich mit meinem Vater in einer Kneipe essen, bevor er mich nach dem Heimwochenende wieder in die Klinik bringt. Dort trinke ich sogar zwei Bier zu dem Salat, den ich von der Speisekarte ausgewählt habe. Seit dem Beginn meiner Magersucht habe ich Alkohol immer streng vermieden. Ich habe einmal irgendwo gehört, dass Alkohol besonders schnell auf den Hüften ansetzt. Und vor allem Bier ist ja dafür bekannt, dass man einen dicken Bauch davon bekommt. Aber an diesem Abend habe ich einfach mal wieder Lust auf dieses leicht beschwipste Gefühl, das man zumindest bei meinem Körpergewicht nach zwei Bieren schnell hat.

*

In der Mitte des Monats erreiche ich endlich die fünfte Stufe. Ich wiege jetzt 55,5 Kilo und habe einen glatten BMI von 19. Auf unserer Station wird wieder ein Mädchen mit Magersucht eingewiesen. Ich bin zum ersten Mal nicht neidisch darauf, dass ich nicht mehr genauso dürr aussehe. Ich beginne mit einem Schulversuch und fahre jeden Morgen für ein oder zwei Doppelstunden von der Klinik aus in die Schule. Mein Therapeut findet, das sei eine gute Möglichkeit für mich, um zu testen, wie gut ich wieder im Alltag zurechtkomme, und hat eine entsprechende Vereinbarung mit der Schulleitung getroffen.

»Du siehst ja wieder richtig gut aus!«, bekomme ich auch dort oft zu hören.

Es ist mir auch immer noch unangenehm, vor anderen zu essen, darum esse ich mein Pausenbrot nie in der Schule, sondern immer erst auf der Rückfahrt in der Bahn. Dort sehen mir zwar auch Menschen beim Essen zu, aber sie sind mir fremd, und dann ist es nicht mehr ganz so schlimm.

Immer noch verursachen diese belanglosen Wörter einen großen Schmerz in mir. Ich setze wie immer meine Mir-geht-es-so-gut-Maske auf, lächle und bedanke mich für die lieb gemeinten Worte. Es ist mir auch immer noch unangenehm, vor anderen zu essen, darum esse ich mein Pausenbrot nie in der Schule, sondern immer erst auf der Rückfahrt in der Bahn. Dort sehen mir zwar auch Menschen beim Essen zu, aber sie sind mir fremd, und dann ist es nicht mehr ganz so schlimm.

Ich merke, dass ich in dem halben Jahr, das ich in der Klinik war, viel in der Schule verpasst habe, und komme nicht mehr richtig im Unterricht mit. Ich soll mir überlegen, ob ich die elfte Klasse der Oberstufe wiederholen möchte, habe aber Angst vor Fragen der neuen Mitschüler, die den Jahrgang unter uns besuchen, und traue mir den Stress nicht zu, den ein weiteres Schuljahr mit sich bringen würde. Ich habe Angst, durch den Schulstress rückfällig zu werden. Entscheide mich dagegen, mein Abitur nachzuholen. Ich will lieber eine Ausbildung beginnen.

*

Ich gewöhne mich beim Essen immer mehr an die normalen Portionen in der Klinik, fühle mich nach den Mahlzeiten nicht mehr so voll. Muss nur noch ein letztes Mal in die Essgestörten-Kochgruppe gehen und darf mir deswegen aussuchen, was wir kochen. Entscheide mich für mein Lieblingsessen: Spinat-Quiche und zum Nachtisch Zimtkuchen. Bekomme Komplimente für meine leckeren Rezepte. Eine magersüchtige Patientin sagt mir, dass ihr das Essen heute leichter gefallen sei, weil es so gut geschmeckt habe, und dass sie sogar die Kalorien für eine Weile vergessen konnte.

Ich freue mich darüber, dass ich so eine gute Auswahl getroffen habe. Backe Kekse an meinen Wochenenden zu Hause.

Nasche ab und zu Schokolade zwischen den Mahlzeiten. Nehme mir in der Klinik sogar einmal vom Mittagessen nach, weil es so lecker ist. Wiege 56 Kilo.

Ich habe das Gefühl, es endlich geschafft zu haben. Ich kann wieder lachen. Ich esse wieder. Aber noch während meiner letzten Wochen in der Klinik erleide ich einen schweren Rückfall.

FEBRUAR

Die 56 Kilo sind zu viel für mich. Dass ich in so kurzer Zeit so viel zugenommen habe, macht mir große Angst, und auf einmal glaube ich, dass ich mein Essen wieder reduzieren muss, um nicht noch mehr zuzunehmen.

Die Betreuer bekommen nichts davon mit. Ich gebe mir alle Mühe, weiterhin einen glücklichen und gesunden Eindruck zu vermitteln, und esse ausreichende Portionen, wenn sie beim Essen dabei sind.

Doch an den Wochenenden, die ich zu Hause verbringe, falle ich immer mehr in alte Muster zurück. Zu Hause kann ich nichts mehr essen, ohne es vorher abzuwiegen, obwohl ich es in der Klinik immer hinbekommen habe. Doch hier kommen die Erinnerungen an mein altes Verhalten zurück. Ich fühle mich einfach sicherer, wenn ich genau kontrollieren kann, wie viel ich esse. Kalorientechnisch macht es schließlich einen Unterschied, ob ich mir 20 oder 30 Gramm Cornflakes in die Schüssel tue.

Auch Einkaufen bekomme ich immer noch nicht hin, ohne mir dabei sämtliche Nährwerttabellen durchzulesen und miteinander zu vergleichen. Natürlich kaufe ich wieder nur das, was am wenigsten Fett und Kalorien hat. Ein anderes Einkaufen bin ich schließlich nicht mehr gewohnt.

Was die Zeiten angeht, zu denen ich esse, bin ich total un-flexibel. Ich esse auch zu Hause immer noch genau zu denselben Zeiten wie in der Klinik. Die Zwischenmahlzeiten ersetze ich bald durch Obst. Ich bin nicht in der Lage, mich mit Freunden zu treffen, wenn ich am Wochenende schon mal zu Hause sein darf, weil mir immer diese blöden Essenszeiten im Wege stehen, nach denen ich mich richte. Ich esse immer noch lieber allein, darum sitze ich jeden Tag einsam in meinem Zimmer und warte darauf, dass es wieder Zeit zu essen ist. Bekomme wieder de-pressive Gedanken, weil mein Leben irgendwie keinen Sinn für mich ergibt, und weine jeden Tag.

Ich nutze jede freie Minute, um mich irgendwie zu bewegen: Gehe shoppen, Schlittschuh laufen, nutze jede Ausgangszeit zum Spazieren, mache täglich mehr als 300 Sit-ups und fange zu Hause wieder mit dem Joggen an. Jogge sogar einmal in der Klinik mit Becks durch den Krankenhauspark.

Ich sehe beim Shoppen in der Stadt eine extrem dürre Frau und will auch wieder dahin zurück. Ärgere mich zu Tode, dass ich meine Essstörung in der Klinik aufgegeben habe. Habe ein Problem damit, als ich an einem Wochenende mit meiner Mutter, meiner Stiefschwester und meinem Stiefvater zum Kuchenessen in ein Café gehe.

Sie wollen mir eigentlich etwas Gutes damit tun, aber das Kuchenstück, das mir der Kellner bringt, ist viel zu groß, und den Milchkaffee, den ich mir unter dem ganzen Entscheidungs-druck bestellt habe, will ich nun doch nicht mehr. Hätte ich mich doch bloß für den schwarzen Kaffee entschieden!

*

Zu Hause habe ich oft Wutanfälle und werfe mit Nüssen Dellen in meine Zimmertür, weil ich einfach nicht weiß, wie ich die

Wut anders rauslassen kann. Ich schneide mir wieder in die Arme und höre deprimierende Musik. Die meiste Zeit liege ich zu Hause in meinem dunklen Zimmer auf dem Bett und weine ohne Ende. Ich hasse mein Leben, hasse, dass ich zu der Person geworden bin, die ich jetzt bin.

Ich verschweige den Betreuern und meinem Therapeuten die Probleme, die ich an den Wochenenden habe, weil ich keine Lust mehr auf das Ganze habe und einfach nur noch entlassen werden will. Ich habe keine Lust mehr auf die Klinik. Die kann mir sowieso nicht mehr weiterhelfen.

*

Einen Monat vor meiner Entlassung fange ich an, immer mehr Wasser vor dem Wiegen zu trinken, damit niemand bemerkt, dass ich schon wieder Gewicht verliere. Erst trinke ich nur zwei Becher, doch mein Gewicht nimmt trotz des Trinkens ab, darum trinke ich immer mehr. Wenn ich an den Wochenenden zu Hause bin, überprüfe ich mein Gewicht auf unserer neuen Digitalwaage, die ich unbedingt haben wollte, um abschätzen zu können, wie viel ich vor dem nächsten Wiegen in der Klinik trinken muss. Vorher besaßen wir nur eine Analogwaage, die ist mir aber mittlerweile zu ungenau. In meiner letzten Woche trinke ich jeden Morgen 1,5 Liter Wasser. Mehr bekomme ich nicht runter. Ich stehe extra jeden Morgen ganz früh, vor allen anderen, auf, um noch Zeit zu haben, mir genug Gewicht anzutrinken.

Ines fehlt in der Woche vor meiner Entlassung und die anderen Betreuer auf der Station vergessen dewegen irgendwie, mich zu wiegen. Nachdem ich also die letzten vier Tage Wasser bis zur Übelkeit getrunken habe und trotzdem nie gewogen wurde, gehe ich am fünften Tag nach dem Trinken zum

Stationszimmer und frage nach, ob ich denn vor meiner Entlassung nicht noch mal auf die Waage müsse – ich will das ganze Wasser schließlich nicht umsonst getrunken haben!

»Natürlich!«, sagt die Betreuerin. »Das haben wir ja ganz vergessen!«

Ich ärgere mich, dass ich scheinbar vergessen worden bin, habe aber beim letzten Wiegen wenigstens ein ausreichendes Gewicht von knapp 56 Kilo.

Rückblick von Lauras Mutter

Anfangs habe ich gedacht, dass die Diäten meiner Tochter nur eine Macke sind. Sicher würde das bald wieder vorübergehen. Ich wollte es einfach nicht wahrhaben, dass sie auf dem besten Wege war, magersüchtig zu werden. Ich hatte vorher nie etwas mit dieser Krankheit zu tun gehabt, und mir war gar nicht bewusst, dass es weitaus mehr ist, als sich nur runterzuhungern. Sah ich sonst zu dünne Mädchen auf der Straße, dachte ich jedes Mal: Oh Gott, ist die bescheuert. Wie kann man sich nur so runterhungern?

Ich habe mir vorher nie wirklich Gedanken darüber gemacht, was Menschen eigentlich dazu bewegt, so zu werden. Dass es vielleicht auch psychische Ursachen dafür gibt.

Erst, wenn man selbst davon betroffen ist und machtlos mitansehen muss, wie das eigene Kind mehr und mehr abmagert, wird einem bewusst, wie schmerzvoll so eine Krankheit auch für die Angehörigen ist.

Das Allerschlimmste war für mich, dass ich so hilflos war. Man kann ja nichts machen. Man kann immer nur weiterhoffen, dass die Tochter irgendwann den richtigen Weg finden wird. Aber je mehr man sich mit der Magersucht befasst, desto mehr wird einem auch bewusst, dass es ein unglaublich langer Weg ist und dass die meisten nicht wieder aus der Krankheit herausfinden.

Ich redete mir ein: So was passiert uns nicht. Das hört auch wieder auf. Aber es hörte nicht auf. Es war einfach kein Ende in Sicht.

ANFANG MÄRZ

Im März werde ich nach über sechs Monaten endlich aus der Kinder- und Jugendpsychiatrie entlassen. Meinen Koffer habe ich schon gestern Abend gepackt und jetzt warte ich nur noch darauf, dass Mama und Papa endlich kommen und wir das Abschlussgespräch mit meinem Therapeuten führen können.

Es ist ein komisches Gefühl, die Klinik heute für immer zu verlassen, nachdem sie mehr als ein halbes Jahr lang mein Zuhause war. Ich werde einige der Patienten und Betreuer wirklich vermissen. Aber ich will auch endlich weg von hier. Auch, wenn ich einige schöne Momente hier erleben durfte und viele wertvolle Erinnerungen für mich mitnehmen kann, hätte ich es keinen Tag länger hier ausgehalten.

Wäre es nach meinem Therapeuten gegangen, dann hätten sie mich noch zwei Wochen länger hier behalten. Aber ich habe ihm so oft eingeredet, dass ich es zu Hause schaffen werde, dass ich ihn schließlich doch dazu überreden konnte, mich eher als geplant gehen zu lassen.

In dem Gespräch bin ich die ganze Zeit nur am Weinen. Ich bin mir plötzlich gar nicht mehr so sicher, ob ich meine Essstörung zu Hause in den Griff bekommen kann. Was ist, wenn ich es nicht schaffe? Hätte ich vielleicht doch lieber zwei Wochen länger hierbleiben sollen? Aber diese zwei Wochen hätten doch auch nicht mehr viel bewirkt, oder?

Nach dem Gespräch packen wir meine Koffer ins Auto, und dann findet endlich meine »Welle« statt. Jeder, der entlassen wird, bekommt so eine Welle. Alle Patienten und Betreuer stellen sich dafür in einer Reihe am Bürgersteig auf und der Entlassene fährt drei Runden mit dem Auto um den Parkplatz, während die anderen jedes Mal eine La-Ola-Welle mit den Armen machen, wenn man an ihnen vorbeifährt. Bei der letzten

Runde gibt man noch mal jedem die Hand aus dem Autofenster und sagt sich zum Abschied ein paar nette Worte, dann fährt man endgültig weg von hier. Man fährt zurück in die Freiheit, nach der man sich so lange gesehnt hat. Zurück ins Leben.

Mein Papa macht das Autodach auf und ich stelle mich auf die Rückbank, um die anderen Patienten und Betreuer ein letztes Mal zu sehen. Ich winke ihnen noch lange hinterher, bis sie hinter Bäumen und Kurven verschwinden und ich sie nicht mehr sehen kann.

Ich kann das Gefühl, das ich bei meiner Entlassung habe, gar nicht beschreiben. Auf einmal bin ich frei.

Frei! Frei! Frei!

Es dauert lange, bis ich das realisiert habe.

TEIL 3

Leben

Ich wiege 54,2 Kilo, ohne vor dem Wiegen etwas zu trinken. Zu Hause rutsche ich wieder mehr und mehr in die Essstörung hinein. Ich stelle mir häufiger die Frage, was noch von mir übrig bleibt, wenn ich die Magersucht loslasse. Wer bin ich überhaupt, wenn nicht die Magersüchtige? Ich kenne mich selbst nicht mehr, habe mich in der Krankheit verloren.

An einem Wochenende übernachten meine beiden Stiefschwestern bei uns und es fällt mir schwer, ihnen dabei zuzusehen, wie leichtfertig sie mit ihrem Essen umgehen können. Ich muss mir ansehen, wie sie vier Toastbrote mit viel Butter und Käse hintereinander weg essen, während ich in derselben Zeit eine einzige Scheibe Brot mit etwas Frischkäse zum Abendbrot schaffe.

»Isst du immer nur Frischkäse auf deinem Brot? Hast du denn nicht mal Lust auf eine Scheibe Käse oder so?«, fragt Aileen mich.

Ich antworte mit Nein.

Natürlich hätte ich mal wieder Lust auf eine Scheibe Käse, aber ich habe ein riesiges Problem damit, das zuzugeben. Und außerdem würde ich das sowieso nie essen. Viel zu fettig.

Nach dem Abendbrot haben die beiden immer noch Hunger und suchen in unserer Küche nach einem Nachtisch.

»Ihr habt ja gar nichts Leckeres hier!«, beschweren sie sich, und ich bin total überfordert damit. Fühle mich schuldig dafür, dass wir nichts für die beiden dahaben, obwohl ich noch längst nicht gesund bin und es einfach unvorstellbar für mich ist, etwas zum Naschen einkaufen zu gehen. Viel zu groß ist meine Angst, dass mich jemand mit Süßigkeiten an der Supermarktkasse sehen könnte.

»Habt ihr denn wenigstens Cornflakes da?«

Diese Frage kann ich endlich bejahen und zeige stolz auf die Schachtel mit meinen fettarmen Vollkornflakes, die hinter mir im Regal steht.

»Iih, die sind ja viel zu gesund. Die schmecken bestimmt gar nicht. Habt ihr denn keine besseren hier?«

Das zu hören macht mich ganz wütend. Diese Vollkornflakes sind seit Tagen das Einzige, wovon ich mich noch ernähre. 30 Gramm am Tag, 110 Kalorien. Sonst nichts. Sie haben mir quasi das Leben gerettet. Aber davon wissen Aileen und Maddi nichts. Ich glaube, sie denken, dass ich wieder kerngesund bin, weil ich ja schließlich entlassen wurde und zugenommen habe. Doch ich bin alles andere als das. Ich wäre auch lieber so gesund wie sie, aber ich weiß einfach nicht, wie ich das anstellen soll. Mittlerweile beneide ich Aileen nicht mehr wie früher um ihre schlanke Figur, sondern vielmehr darum, dass sie lebt, während ich mein Leben einfach weggeworfen habe, um so dünn zu werden wie sie und noch viel dünner.

Ich habe 21 Kilo abgenommen, war am Ende meiner Kräfte, mein Körper lebte nur noch auf Sparflamme, ich war ein halbes Jahr lang in der Psychiatrie – und doch habe ich nicht daraus gelernt und fange schon wieder damit an, in den verdammten Teufelskreis der Magersucht zu geraten.

*

53,4 Kilo. Jeden Morgen gucke ich in den Spiegel und kann den Anblick meines Körpers nicht ertragen. Ich weine, weil ich in der Klinik so viel zunehmen musste, und beschimpfe mich selbst als fette Kuh, obwohl ich mich längst schon wieder unter meinem Zielgewicht befinde. Ich beschließe, dass von meinem Gewicht wieder was runter muss, mindestens zwei Kilo, damit mein BMI wieder im Untergewicht liegt.

Ich grenze mich selbst überall aus, weil ich es nicht mehr ertrage, mir ständig von allen anhören zu müssen, dass ich wieder so gut aussehe. Alle schauen nur auf mein Gewicht, aber ich bin noch weit davon entfernt, gesund zu sein, auch wenn meine Figur inzwischen vielleicht etwas anderes zeigt. Trotzdem spiele ich allen die glückliche und gesunde Laura vor, die sie sehen wollen, weil ich Angst davor habe, mich zu öffnen und über meine Probleme zu sprechen.

Da ich nicht mehr zur Schule gehe, fange ich einen Nebenjob bei einem Fast-Food-Unternehmen (ausgerechnet!) an. Vor lauter Arbeit komme ich dort nicht dazu, meine Mahlzeiten einzuhalten, und esse deswegen einfach gar nichts mehr. An manchen Tagen arbeite ich sieben oder acht Stunden, in denen ich nichts esse und nur hin und wieder etwas Cola Light trinke. Ich stecke meine ganze Energie in die Arbeit und bin andauernd in Bewegung. Renne im Restaurant hin und her, bediene die Kunden und komme nicht mal dazu, mich für ein paar Minuten hinzusetzen und auszuruhen. Die Nahrung, die mir dadurch fehlt, nehme ich natürlich auch zu Hause nicht zu mir. Vielmehr freue ich mich über den Erfolg, mehrere Stunden nichts gegessen und zudem noch viele Kalorien verbrannt zu haben.

*

Mein Alltag besteht neben der Arbeit aus Arztbesuchen, denn alle zwei Wochen muss ich mich wiegen lassen, und ambulanter Therapie bei einer neuen Therapeutin.

Die ersten Therapiestunden helfen mir ein bisschen, sodass der Kaloriengehalt meines Essens zeitweise unwichtiger für mich wird. Ich mache sogar mit meiner Therapeutin ab, dass ich versuchen werde, morgens eine Scheibe Toast mehr zu essen als bisher. Schnell kommt jedoch das Gefühl bei mir auf, dass ich mich zu sehr gehen lasse, wenn ich nicht mehr so streng darauf achte, wie viele Kalorien ich zu mir nehme. Die zusätzliche Scheibe Toast streiche ich nach gerade mal drei Tagen wieder von meinem Speiseplan.

Auch die Arztbesuche helfen mir nicht wirklich weiter. Die Ärztin stellt jedes Mal ein niedrigeres Gewicht bei mir fest und versucht, mich dazu zu bewegen, mehr zu essen. Aber kaum bin ich zur Tür raus, kreisen meine Gedanken wieder nur um die Magersucht. Es macht einfach nicht Klick in meinem Kopf.

Und dann ist da noch die Sache mit den Jungs. Ich bin jetzt also volljährig, aber ich hatte noch keine einzige Liebesbeziehung. Man muss ja gar nicht eine dieser Sechstklässlerinnen sein, die jede Woche einen Neuen zu Hause anschleppen, aber mit meinen 18 Jahren komme ich mir schon ein bisschen blöd vor, so ganz ohne Freund. Dabei wünsche ich mir das schon: einen Jungen, der mich liebt, mit dem ich über alles reden und zu dem ich Vertrauen aufbauen kann, der mir zeigt, dass er es ernst mit mir meint, und der vielleicht auch mal meinen Beschützer spielt. Wäre ich nicht immer noch dieses unsichere, kontrollierte Mädchen, dann hätte ich sicherlich längst meinen ersten Freund kennengelernt.

MITTE APRIL

Essen außerhalb meiner festen Zeiten und ohne Kalorienvorgaben kommt für mich überhaupt nicht mehr infrage, und so ist es jedes Mal aufs Neue eine Mühsal für mich, auswärts essen zu gehen.

Als ich zum Beispiel zu Louises Geburtstag eingeladen bin, esse ich, bevor ich mich abends auf den Weg zu ihr mache, noch Abendbrot, weil es halb sieben, also Zeit dafür ist. Erst danach gehe ich zu Louise, die nicht weit entfernt von mir wohnt. Kaum bin ich zur Wohnungstür hereingekommen, überfällt sie mich mit einem Stück Geburtstagstorte. Ich zögere erst, dann nehme ich es doch an, damit niemand Verdacht schöpft, ich könne immer noch magersüchtig sein. Alle wissen, dass ich gerade frisch entlassen wurde, und freuen sich darüber, dass es mir wieder so »gut« geht. Später am Abend lädt uns Louise zum Cocktailtrinken in ein Café ein. Ewig lasse ich meinen Blick die Getränkekarte rauf und runter wandern auf der Suche nach einem Cocktail, der nicht so viel Zucker oder Sahne enthält. Ich suche vergeblich und entscheide mich zum Schluss einfach für den Cocktail, den ich früher schon immer am liebsten getrunken habe: Piña Colada mit Sahne.

Der Cocktail schmeckt gut und es ist eine nette Runde von Leuten, darum gelingt es mir, meine Gedanken endlich mal abzuschalten und die Kalorien des Cocktails zu vergessen. Doch schon als ich nachts auf dem Heimweg bin, holen sie mich wieder ein. Das Stück Torte und der Cocktail gehen mir einfach nicht mehr aus dem Kopf, und so beschließe ich, noch in derselben Nacht joggen zu gehen.

Draußen ist es bereits stockfinster und ein kühler Wind weht durch die Gassen, aber das kann ich im Gegensatz zu meinem schlechten Gewissen ganz gut ignorieren. Ich laufe noch 20 Minuten die leeren Straßen entlang, begegne dabei der einen oder anderen betrunkenen Person und mache schließlich kehrt, als die Stimme meines Gewissens wieder leiser wird.

*

Ein anderes Mal mache ich zusammen mit meinem Vater eine Kutschfahrt. Fast die ganze Gemeinde und einige Freunde meines Vaters fahren in der Kutsche mit. Weil wir mit der

Das Stück Torte und der Cocktail gehen mir einfach nicht mehr aus dem Kopf, und so beschließe ich, noch in derselben Nacht joggen zu gehen.

Kutsche zu einem Café fahren, um dort Kuchen zu essen, habe ich mir eigentlich vorgenommen, wenigstens während der Fahrt noch keine Kalorien zu mir zu nehmen. Vielmehr will ich die schöne Landschaft genießen, durch die wir fahren.

Doch es dauert nicht lange, da werden die ersten Kurzen verteilt. Ich lehne immer wieder dankend ab, aber die anderen lassen nicht locker und wollen mich immer wieder dazu überreden, mit ihnen anzustoßen. Ich gebe nach und trinke 20 Milliliter Alkohol, obwohl ich eigentlich nicht will. Überflüssige Kalorien. Sie schmecken nicht einmal. Ich kämpfe mit den Tränen.

Alle lachen und singen lustige Lieder während der Kutschfahrt. Mir ist gar nicht zum Lachen zumute, aber ich tue es trotzdem, damit Papa mich nicht andauernd fragt, ob ich keinen Spaß an der Sache habe. Ich finde es ja schon schön, eine Kutschfahrt durch die Natur zu machen, aber nicht, wenn mir ständig Essen und Trinken unter die Nase gehalten werden. Denn als wäre der Kurze nicht genug, wollen mir immer wieder irgendwelche Leute süße Getränke, Käsewürfel und Salamischeiben andrehen. Ich komme mir vor wie im Maststall. Haben sie denn nicht verstanden, dass ich nichts von dem ganzen Zeug will?

Als wir am Ziel der Kutschfahrt ankommen, ist meine Freude über das Kuchen-Büfett längst verflogen. Eigentlich hatte ich mich besonders auf den Kuchen gefreut, wollte sogar zwei Stücke essen. Doch nun bin ich noch immer total mies gelaunt von dem Kurzen, den ich trinken musste, und tue mich unheimlich schwer mit der Kuchenauswahl. Nach 20 Minuten stehe ich noch immer vor dem Büfett und habe keine Entscheidung darüber treffen können, welche Sorte ich essen will. Ein Stück ist größer als das andere und sie sehen alle ziemlich reichhaltig aus. Die anderen Leute, die sich mal eben ein Stück Torte kaufen, gucken mich schon ganz blöd an. Papa, der darauf wartet, den Kuchen zu bezahlen, kommt auf mich zu und fragt, ob ich mir inzwischen etwas ausgesucht habe. Er schlägt mir vor, das schöne, große Stück von der Sahnetorte zu nehmen, doch gerade das will ich ja nicht.

Ich fange vor all den anderen Menschen an zu weinen, weil ich mich einfach nicht mehr beherrschen kann. Ich bin schon wieder völlig überfordert von der Situation. Mein Papa nimmt mich in den Arm und kann gar nicht richtig verstehen, was der Grund für mein plötzliches Weinen ist. Wie denn auch. Niemand versteht mich. Wer hat schon ein Problem damit, ein Stück Kuchen zu essen? Jeder andere Mensch freut sich über so was, aber das kann ich zu diesem Zeitpunkt einfach noch nicht.

Letztendlich entscheide ich mich dann aber doch noch für ein Stück Kuchen: Der Bienenstich soll es jetzt sein. Aber die Sorte ohne Pudding-Sahne-Füllung, bitte.

Auf der Rückfahrt halten wir an einem großen Sportplatz an, auf dem zum Abendbrot gegrillt wird. Ich bin Vegetarierin aus Überzeugung, seit ich nach meiner Entlassung aus der Klinik einen Film über die Zustände in den Mastställen und Schlachthöfen sowie die Auswirkungen der Fleischproduktion auf die Umwelt gesehen habe. Nun hoffe ich, dass es hier überhaupt etwas Fleischloses zu essen gibt.

An der Theke entdecke ich Kartoffel- und Tomate-Mozzarella-Salat und entscheide mich für Ersteren, weil ich mich vor dem Fett im Mozzarella fürchte. Als mir der Verkäufer meinen Kartoffelsalat in die Hand drückt, stelle ich mit Entsetzen fest, dass sich darin kleine Schinkenwürfel befinden. Ich bin also die nächsten fünf Minuten erst mal damit beschäftigt, das Fleisch aus meinem Salat zu sortieren, und habe ein ganz schlechtes Gewissen den Tieren gegenüber, die ihr Leben für den Salat geben mussten, den ich mir gekauft habe, und die nun umsonst dafür sterben mussten, weil ich ihr Fleisch eh nicht essen werde.

Wir sitzen noch eine ganze Ewigkeit draußen, und als es langsam dunkel wird, erfriere ich fast in dem dünnen Cardigan, den ich anhabe. Gucke immer wieder auf die Uhr und will endlich nach Hause, traue mich aber nicht, diesen Gedanken auszusprechen, weil ich den anderen nicht ihren Spaß verderben möchte.

Als wir endlich zu Hause sind, esse ich vor dem Schlafengehen noch eine Banane, weil ich plötzlich doch befürchte, dass es heute mal wieder viel zu wenig war.

Rückblick von Lauras Freundin Louise

Nachdem Laura und ich in der Oberstufe richtig gute Freundinnen geworden waren, war es für mich persönlich sehr hart, als sie von einem auf den anderen Tag nicht mehr in die Schule gekommen ist.

Ich kann mich noch sehr genau erinnern, wie es war, als Laura in die Klinik kam. Drei Tage nach den Sommerferien bekam ich bei Facebook eine lange Nachricht von Laura. Sie schrieb, dass sie ab morgen in einer Klinik sein würde, da ihre Mutter eine Einweisung vom Hausarzt besorgt habe. Nachdem ich das gelesen hatte, rief ich Laura an und ließ mir alles noch mal genauer erklären. Danach hatte ich gemischte Gefühle. Auf der einen Seite war ich sehr traurig, dass ich meine Freundin für ungewisse Zeit nicht mehr sehen würde. Sie war immer der Grund, dass selbst langweilige Schulstunden etwas Gutes hatten. Ich fühlte mich in den folgenden Unterrichtsstunden etwas allein, besonders in Kunst, da das immer unser Lieblingsfach gewesen ist, in dem wir zusammen den meisten Spaß hatten.

Andererseits war ich aber auch geschockt, weil ich nicht damit gerechnet hatte, dass es wirklich so schlimm um Lau stand. Ich hatte zwar gemerkt, dass sie immer dünner wurde, sich von allen distanzierte und auch mit mir weniger sprach, aber ich hatte nicht gedacht, dass sie kurz vor einer Zwangsernährung stand. Das gab mir zu denken, ob ich zu wenig für sie getan hatte.

Die anderen Schüler fragten mich natürlich auch, wo Laura sei, und anfangs sagte ich immer, dass sie krank sei. Mit ihrer Mutter habe ich dann besprochen, wen wir mit in die Situation einweihen. Ich bin mir aber sicher, dass sich die meisten ohnehin schon gedacht haben, was mit Lau los war. Sie haben ja gesehen, dass sie immer dünner wurde.

In den ersten Wochen hat mir wirklich etwas gefehlt, ich konnte mich nur schwer damit anfreunden, dass der Platz neben mir nun erst mal leer bleiben würde. Trotzdem bin ich Lauras Mutter sehr dankbar, dass sie damals so gehandelt hat. Und bald konnte ich meine Lau dann ja auch in der Klinik besuchen.

Ich hatte echt etwas Angst vor meinem ersten Besuch dort, da ich nicht so recht wusste, was mich in so einer Einrichtung erwarten würde. Laura sah noch immer sehr dünn aus, aber es war ab der ersten Sekunde wieder diese Vertrautheit da, die uns offen miteinander reden ließ. Sie erzählte mir, wie es ihr dort so erging, und erklärte mir ihren Tagesablauf. Außerdem berichtete sie mir, dass sie heimlich Sportübungen machte, um wieder Kalorien zu verbrennen. Ich war mir unsicher, ob ich das jemandem sagen sollte – ihrer Mutter oder dem Arzt vielleicht? Aber andererseits wollte ich sie nicht hintergehen, da sie es mir im Vertrauen erzählt hatte und es mir sehr wichtig war, dieses Vertrauen auch aufrecht-zuerhalten.

Während ihres Aufenthaltes auf der Krankenhausstation besuchte ich sie nur noch ein weiteres Mal, da ich aufgrund der Abiturvorbereitungen wenig Zeit hatte. Beim zweiten Mal traf ich dann auch Lauras Vater, den ich zuvor nie kennengelernt hatte. Es ist echt schön, dass die beiden in dieser Zeit angefangen haben, wieder mehr Zeit miteinander zu verbringen. Was mich bei diesem Besuch am meisten schockte, war eine von den anderen Patientinnen, deren Beine ich mit einer Hand hätte umfassen können. Das Schlimmste war, dass Lau dieses Mädchen auch noch schön fand.

Als sie dann auf die psychiatrische Station wechselte, besuchte ich sie natürlich weiterhin. Wir tauschten uns immer aus: Sie erzählte mir, wie es ihr ging und was sie tagsüber so machte, und ich erzählte ihr Neuigkeiten aus der Schule, damit sie nicht ganz den Anschluss an die Außenwelt verlor. Besonders gut fand ich ihr neues Hobby, das Gitarrespielen. So hatte sie wieder eine Aufgabe und beschäftigte sich endlich wieder ein bisschen mit anderen Dingen. Es schien wieder aufwärts zu gehen. Allerdings schummelte sie immer noch beim Wiegen, indem sie davor jedes Mal reichlich Wasser trank.

Während ihrer Schulversuche, die sie von der Psychiatrie aus machen sollte, holte ich sie von der Bushaltestelle ab und blieb immer an ihrer Seite, damit sie nicht allein den vielen neugierigen Blicken der anderen Schüler ausgesetzt war. Ich denke, das war sehr wichtig für sie, da es schon ein komisches Gefühl sein muss, nach fast einem halben Jahr zum ersten Mal wieder in die Schule zu gehen.

*

Als Lau nach einem guten halben Jahr aus der Klinik entlassen wurde, freute ich mich einerseits mit ihr und war auch glücklich, dass wir wieder viele Sachen gemeinsam machen konnten. Andererseits hatte ich auch meine Zweifel, ob sie wirklich schon bereit war, auf eigenen Füßen zu stehen, da sie ja bis zum Ende immer noch viel Wasser vor dem Wiegen getrunken hatte. Zudem hatte ich auch von vielen anderen Magersüchtigen gehört, die wieder rückfällig wurden. Meine Unsicherheit blieb …

Natürlich trafen wir uns dann wieder öfter. Ich dachte, es wäre besser, wenn wir uns erst mal nicht zum Essen träfen, und so gingen wir ins Kino, in die Disco und zum Shoppen. Skeptisch wurde ich, als Laura mir sagte, sie sei jetzt Vegetarierin. In der Klinik hatte sie immer das vegetarische Menü gewählt, weil das die wenigsten Kalorien hatte. War das also der Grund? Sie sagte aber, es sei wegen der unverantwortlichen Tierhaltung.

Im April feierte ich dann meinen 18. Geburtstag und lud meine engsten Freunde zum Cocktailtrinken und Torteessen ein. Laura wollte nicht Nein sagen und aß auch ein Stück. Wie sie mir später aber berichtete, wollte sie wieder nur den anderen

vormachen, dass sie keine Probleme mehr damit hatte, Sahnetorte zu essen. Sie ist noch in derselben Nacht joggen gegangen. In
dieser Zeit hat sie wirklich wieder sehr stark auf ihre Ernährung
geachtet, und ich dachte schon, dass sie bald ein zweites Mal in
eine Klinik müsse.

53 Kilo. Ich fange an, neue Taktiken zu entwickeln, um wieder abzunehmen. Statt den Frischkäse in der Doppelrahmstufe zu kaufen, entscheide ich mich jetzt wieder für die fettreduzierte Version. Ich esse keine großen Toastscheiben mehr, sondern kaufe nur noch das kleine Vollkorntoastbrot von damals. Das mit den 62 Kalorien. Süße meinen Tee wieder mit Süßstoff statt wie in der Klinik mit Honig. Verzichte auf Saft, trinke Cola light. Und niemand kann mich davor retten, wieder in die Magersucht zu rutschen. Meine Therapeutin nicht. Meine Ärztin nicht. Meine Familie nicht. Nur ich kann es, aber mir fehlt schon lange wieder die Kraft, um zu kämpfen.

Wenn ich bei Freunden bin und wir Tee zusammen trinken, traue ich mich nicht, nach Süßstoff zu fragen. Seit der Klinik schmeckt mir ungesüßter Tee überhaupt nicht mehr, weil ich dort jeden Tag mehrere Tassen Tee mit einem Löffel Honig trinken musste. Kalorien im Tee kommen jetzt aber nicht mehr für mich infrage, darum süße ich ihn zu Hause immer mit Süßstoff. Auswärts trinke ich den Tee dann halt immer pur.

Obwohl ich mich einerseits danach sehne, von jemandem ertappt zu werden, um endlich Hilfe zu bekommen, möchte ich es andererseits unbedingt vermeiden, dass mir jemand auf die Schliche kommt und mich fragt: »Warum willst du denn Süßstoff? Das hast du doch gar nicht nötig!« Diese Frage wäre ein Befehl, mich zu öffnen. Die Wahrheit zu sagen. Doch das kann ich nicht. Ich verstecke mich immer noch hinter der hohen Mauer, die ich zum Schutz meiner Gefühle um mich herum aufgebaut habe.

Eines Tages packt mich die gewaltige Lust, am Nachmittag mal etwas anderes zu essen als immer nur meinen Marmeladentoast. Ich habe es einfach total satt, wegen meiner scheiß Krankheit jeden Tag dasselbe essen zu müssen. Also versuche ich das,

Während ich überlege, welches Essen für meinen Körper infrage kommen könnte, läuft mir die Zeit davon. Aus Minuten werden Stunden, die ich dafür brauche, eine Entscheidung zu treffen. Stunden des Grübelns, des Hungerns, des Kämpfens.

was vor der Klinik so oft gescheitert ist: Ich gehe einkaufen und begebe mich auf die Suche nach etwas richtig Leckerem, etwas, in das ich am liebsten gleich hineinbeißen würde.

Doch sobald ich den Supermarkt betrete, bestimmen die kranken Gedanken erneut mein Handeln. Ich sehe Kuchen und Torten, Schokolade und Kekse, aber nichts davon kann ich mir erlauben. Alles, was ich im Laden finde, sprengt den Rahmen meines Kalorien-Kontos. Also gehe ich mit leeren Taschen wieder nach Hause, um erneut einen Marmeladentoast zu essen. So wie jeden Tag. An den Abenden sitze ich in meinem Bett und denke minutenlang darüber nach, was ich denn bloß essen könnte. Ich habe ja Hunger und will auch gar nicht mehr unbedingt abnehmen, aber zu viel sein darf es eben auch nicht.

Ich habe noch Chips im Schrank. Aber nein, Chips sind zu ungesund, zu fettig. Die kommen auf keinen Fall infrage. Bleiben noch die Cornflakes. Aber welche nur? Die mit Nüssen, oder doch lieber die mit Vollkorn? Ich habe ja schon Lust auf den Nussgeschmack, aber die Vollkornflakes haben viel weniger Kalorien und außerdem mehr Ballaststoffe.

Während ich überlege, welches Essen für meinen Körper infrage kommen könnte, läuft mir die Zeit davon. Aus Minuten werden Stunden, die ich dafür brauche, eine Entscheidung zu treffen. Stunden des Grübelns, des Hungerns, des Kämpfens. Für welche Seite entscheide ich mich dieses Mal?

Gesund werden?

Oder doch besser krank bleiben?

Ich schaue auf die Uhr. Es ist spät geworden während meines Gedankenkriegs. Zu spät, um noch etwas zu essen. Die Überlegungen waren alle umsonst. Ich esse heute nichts mehr, so viel steht fest.

*

52,5 Kilo. In mir wächst die Sehnsucht nach dem Leben, das ich vor der Krankheit hatte. Ich will wieder frei und unbefangen sein. Ich will wieder genießen können und Spaß an meinem Leben haben. Ich habe keine Lust mehr darauf, jeden Tag weinen zu müssen, weil ich nicht vernünftig essen kann. Und ich will nicht den Rest meines Lebens damit verbringen, Kalorien zu zählen und meine Stimmung von meinem Gewicht abhängig zu machen, will nicht jedes Mal, wenn meine Stiefschwestern in ein Croissant mit Nutella beißen, denken, das will ich auch. Will es einfach selbst wieder tun.

Doch der Weg zu meinem Ziel ist lang und in den letzten Tagen bin ich leider immer mehr davon abgekommen. Ich brauche jemanden, der mich wachrüttelt. Der mich endlich aus diesem Käfig befreit und mir Mut macht, meinem Leben eine Wende zu geben.

Dieser Jemand kommt, und ich glaube, ihn haben die Engel geschickt. Es ist mein Stiefvater, der eines Tages zu mir sagt: »Wenn du die 52 Kilo unterschreitest, dann kannst du hier ausziehen! Deine Mutter und ich sehen dieses Elend nicht mehr länger mit an!«

Es sind harte Worte, doch sie zeigen ihre Wirkung.

Ich frage Michi, ob wir mal wieder miteinander reden können, so wie wir es während meiner Klinikzeit immer getan haben, denn ich sehe endlich ein, dass ich dringend Hilfe brauche. Wir gehen noch am selben Tag spazieren und führen ein langes Gespräch. Er macht mir Mut, mich endlich auch jemand anderem als ihm und meiner Mutter anzuvertrauen. Sagt, dass ich versuchen soll, mit Louise darüber zu reden, dass mir meine Essstörung immer noch Probleme bereitet. Schon allein die Vorstellung, dies zu tun, mich zu öffnen, macht mir Angst. Aber mir wird klar, dass ich meine Ängste nur bewältigen kann, wenn ich sie angehe.

Und so erzähle ich Louise bei unserem nächsten Treffen endlich alles, was mir auf der Seele liegt. Erzähle ihr, wie ich immer noch mit meiner Magersucht zu kämpfen habe und dass ich, obwohl ich allen immer die gesunde Laura vorspiele, in Wirklichkeit noch krank bin. Erzähle, dass ich nach ihrem Geburtstag noch mitten in der Nacht joggen gegangen bin. Erzähle von den Machtkämpfen in meinem Kopf. Engel gegen Teufel – Leben gegen Magersucht.

Sie hört mir zu. Sagt, dass ich immer zu ihr kommen kann, wenn ich mal nicht weiterweiß. Dass sie immer ein offenes Ohr für mich haben wird. Und ich bin in diesem Moment so glücklich und stolz auf mich, weil ich mich endlich jemandem anvertraut habe, dass ich all die Sorgen, die ich noch vor ein paar Minuten hatte, wenigstens für den Rest des Tages vergessen kann.

Mit Louise zu reden hat mir sehr geholfen. Ich glaube, mich zu öffnen war der entscheidende Schritt, den ich gehen musste, um endlich wieder auf den richtigen Weg zu gelangen. Meine Sorgen und Probleme wurden nun endlich gehört. Das, was ich mir schon die ganze Zeit so sehr herbeigesehnt habe. Und eigentlich lag die Lösung die ganze Zeit schon in meinen Händen, ich hatte mich bloß vorher nie getraut, sie in Betracht zu ziehen.

ANFANG MAI

52,1 Kilo. Obwohl ich im Kopf einen Schritt vorangekommen bin, wandert mein Gewicht weiter abwärts. Mit dem Essen hinke ich irgendwie noch hinterher. Darum nehme ich endlich allen Mut zusammen und lade mich zum ersten Mal seit über einem Jahr wieder bei meiner Oma zum Frühstücken ein. Früher haben wir das oft gemacht, aber dann kam meine Krankheit dazwischen.

Bei Oma esse ich zum ersten Mal wieder ein Croissant mit Nutella. Ich bin zwar noch sehr vorsichtig, dass der Nutella-Aufstrich nicht zu dick wird, aber finde es immerhin klasse, dass ich überhaupt wieder so etwas essen kann. Endlich muss ich meine Stiefschwestern nicht mehr beneiden, wenn sie Croissants mit Nutella essen, denn jetzt tue ich es einfach wieder selbst. Ich fühle mich in diesem Moment so gut und stark.

*

51,8 Kilo. Mein Stiefvater bekommt nichts davon mit, dass ich seine Grenze unterschritten habe. Mir geht es zunehmend schlechter. An einem Tag fühle ich mich besonders müde und schwach und beschließe, meiner Oma wieder einen Besuch abzustatten. Sie hat ein Blutdruckmessgerät und meine Werte interessieren mich brennend.

Das Gerät zeigt mir einen Blutdruck von 104 zu 67 an. Viel zu niedrig. Mein Herz schlägt 43-mal in der Minute. Beinahe so langsam wie im Krankenhaus beim Schlafen. Ich bin total erschrocken über diese schlechten Zahlen und esse daraufhin drei Stückchen Schokolade bei meiner Oma. 68 Kalorien.

Wieder zu Hause, packt mich der Hunger und ich denke an meine niedrigen Blutdruckwerte. Ich schiebe mir ein Stück Zimtkuchen in die Mikrowelle, das ich im Gefrierschrank gefunden habe. Ich habe lange keinen Kuchen mehr zur Teezeit gegessen. Heute tue ich es und der Kuchen schmeckt einfach fabelhaft. Ich kann gar nicht genug davon bekommen, sodass ich direkt noch ein zweites Stück des Zimtkuchens aufwärme und esse. An diesem Tag lasse ich dafür das Abendbrot ausfallen.

Rückblick von Lauras Stiefvater Michi

Es kam die Zeit, in der Laura sich selbst nicht mehr ausstehen konnte und in ihr die wahnwitzige Idee aufkeimte, dass nur schlanke Menschen schön sein können. Der Anfang vom Ende. Jetzt begann eine schlimme Leidenszeit für meine Frau, denn die Stimmung zu Hause war explosiv. Sie hatte absolut keine Kontrolle mehr über Laura. Das gipfelte dann darin, dass Worte fielen, die unter der Gürtellinie lagen, dass Gegenstände flogen und Laura begann, eine Mauer um sich herum aufzurichten. Kalorienzählen und nur das Mindeste an Essen zu sich nehmen war nun angesagt und alles, was meine Frau ihr zusätzlich an Nahrung andrehen wollte, führte zu weiteren Auseinandersetzungen. Ich glaube, Laura und ich haben uns zu diesem Zeitpunkt täglich gefetzt.

Es verging kein Tag mehr, an dem meine Frau nicht heulend auf dem Sofa oder im Bett lag. Das konnte ich nicht länger mit ansehen, und so wurde ich nachdrücklicher in meinen Bemühungen, sie davon zu überzeugen, dass Laura professionelle Hilfe brauchte. Die Zeit drängte, denn ich wusste, wenn Laura erst mal 18 Jahre alt wäre, würde sie sich mit Händen und Füßen gegen eine Einweisung wehren. Denn, wie sie es immer wieder sagte, sie hatte ja »alles voll im Griff« und würde »da selbst wieder rauskommen«.

Ich werde den Tag nicht vergessen, an dem meine Frau Laura gesagt hat, dass sie in die Klinik komme. Ich hatte ein kleines Glücksgefühl in mir, denn mir war klar, dass die Sache zu Hause kein gutes Ende nehmen würde. In der Klinik würde sie endlich unter Aufsicht von Fachleuten sein, die auf so etwas spezialisiert sind.

Es waren an diesem Tag noch zwei Bekannte von uns anwesend, die versucht haben, alles schönzureden, vielleicht, damit es Laura leichter fiele, in die Klinik zu gehen. Ich empfand es als den falschen Weg und habe dann nüchtern die Realität geschildert. Dass es dort Regeln gibt, an die man sich halten muss, und dass es kein Zuckerschlecken ist, in so eine Klinik zu gehen. Das Letzte, was ich Laura mit auf den Weg gegeben habe, war, dass ich sie nicht hasste und sie besuchen würde, wenn es ihr Wunsch sei.

Tatsächlich besuchte ich Laura häufig in der Klinik und sprach mit ihr über Themen, die ich mir vorher genau überlegt hatte. Die Mauer um sie herum bekam immer mehr Risse. Sie versuchte, viele meiner Ratschläge umzusetzen.

Irgendwann sagte mir meine Frau dann, dass Lauras Therapeut mich in einer Gesprächsrunde kennenlernen wolle. Eigentlich hatte ich an so einer Sitzung nicht teilnehmen wollen. Ich hasse Psychologen und hatte schon eine vorgefertigte Meinung, blendete das aber für diesen Tag aus. Das Gespräch verlief etwas anders, als ich mir gedacht hatte, denn der Psychologe konnte mit meiner Nüchternheit überhaupt nicht umgehen, was er auch schnell zur Sprache brachte. Ich habe in zahlreichen Schulungen für meinen Job gelernt, wie man den Dingen neutral gegenübertritt. Dadurch komme ich oft etwas kalt rüber. Aber wer mich kennt, der weiß, dass auch ich ein Herz habe.

Der Psychologe erinnerte Laura an eine Situation, in der wir uns einmal total angeschrien hatten. Lauras Tonfall wurde aggressiver und ihr Gesicht versteinerte sich im Nu. Die Mauer, die ich begonnen hatte einzureißen, baute er wie von Geisterhand wieder auf. Wurde ich sonst schon wieder mit einer Umarmung verabschiedet, gab es für mich und meine Frau an diesem Tag nicht mal ein Tschüs.

Ich war froh, nach ein paar Tagen von Laura zu hören, dass sie sich wünschte, doch wieder von mir besucht zu werden. Unsere Gespräche trugen immer mehr Früchte, aber ich habe auch immer damit gerechnet, dass es genauso schnell wieder zu einem Rückschlag kommen könne. Das habe ich auch Laura gesagt. Es geht nur Schritt für Schritt.

Der Rückschlag kam wie ein Donnerschlag, und zwar in der besinnlichsten Zeit des Jahres. Und abbekommen hat das Gewitter die Oma. Auslöser war, dass es zu einer anderen Zeit als zur Teezeit, also um 15 Uhr, Essen geben sollte. An diesem Tag tickte Laura völlig aus. Es flogen Worte und Gegenstände durch die Luft, bis ihr Vater sie nach einem Anruf meiner Frau schließlich abholte und zurück in die Klinik brachte. Meine Frau war danach fertig mit der Welt, weil sie gedacht hatte, Laura ginge es schon wieder viel besser.

Nach der Entlassung tat Laura so, als wäre wieder alles in Ordnung. Sie hatte ja schließlich kein Untergewicht mehr. Ich sah das ganz anders: Ich merkte schnell, dass ihre strukturierten Tagesabläufe eine extreme Belastung für Laura darstellten, sie schränkten sie in ihrem Alltag total ein. Die Teezeit ist das beste Beispiel dafür. Sie sagte Verabredungen mit Freundinnen ab, damit sie wie immer um Punkt 15 Uhr ihren Marmeladentoast essen konnte. Ich hatte in dieser Zeit Angst, dass sie dadurch einen großen Rückfall erleiden würde.

Ein Gewichtsverlust wäre für mich das Zeichen gewesen, dass sie ihr Leben noch immer nicht in den Griff bekam. Ich sagte ihr in einem Gespräch knallhart, dass wir sie zu Hause rauswerfen würden, wenn sie das Gewicht von 52 Kilogramm unterschritte. Sowohl mir als auch meiner Frau war es damit durchaus ernst, und das hat Laura auch gemerkt.

An einem Tag, an dem sie bereits wieder sehr ausgezehrt aussah, bat ich sie spontan auf die Waage. 52,1 Kilo zeigte diese an, aber mit Kleidung. Sie tat so, als wäre sie sehr erschrocken darüber, und ich kaufte ihr ab, dass sie zu diesem Zeitpunkt tatsächlich noch nichts von ihrer Abnahme wusste. Ich fasste dies als positiv auf und drohte deshalb vorerst nicht wieder mit Rauswurf, denn scheinbar machte sie sich ja doch Gedanken um ihren Zustand.

Fast drei Monate sind seit meiner Entlassung vergangen. Mein Vater mietet sich zusammen mit seiner Freundin und zwei Bekannten eine Jacht, um damit für eine Woche durch Holland zu schippern. Er fragt mich, ob ich Lust habe, mitzukommen. Natürlich habe ich Lust!

Ich sage zu und kann es kaum erwarten, meinem tristen Alltag zu Hause endlich zu entkommen. Ich glaube, dass es an einem anderen Ort nur besser werden kann. Dass meine Probleme sich schon in Luft auflösen werden, sobald ich den Ort des Geschehens, mein Zuhause, verlasse. Eine Woche Urlaub von der Essstörung, denke ich.

Für unsere Bootstour nehme ich mir vor, meine Ängste einfach mal fallen zu lassen und zu essen, was ich will und vor allem wann ich will. Denn mit meinen festen Essenszeiten wird das auf dem Boot sowieso nichts, das sagt mir mein Vater gleich im Voraus. Eine Lebensmittelwaage haben wir auch nicht an Bord. Eine gute Gelegenheit also, um endlich mal wieder meinem Hungergefühl zu vertrauen und nicht immer alles aufs Gramm genau abzuwiegen. Ich bin davon überzeugt, dass das in einer anderen Umgebung überhaupt kein Problem für mich sein wird. Ich lasse meine Magersucht schließlich zu Hause.

*

Die ersten Tage auf dem Boot komme ich auch noch ganz gut über die Runden. Es bereitet mir zwar schon Schwierigkeiten, dass ich nun zu komplett anderen Tageszeiten essen muss, als ich es gewohnt bin. So essen wir zum Beispiel mittags gar nichts oder nur Brot, nachmittags dafür viel Kuchen und das warme Essen erst abends um acht, wodurch ich mein Hungergefühl

Ich glaube, dass es an einem anderen Ort nur besser werden kann. Dass meine Probleme sich schon in Luft auflösen werden, sobald ich den Ort des Geschehens, mein Zuhause, verlasse. Eine Woche Urlaub von der Essstörung.

gar nicht mehr richtig befriedigen kann, da ich zu den Zeiten, in denen es einsetzt, nichts esse und wenn mein Hunger längst vorüber ist, die größte Mahlzeit des Tages. Aber wenigstens zähle ich keine Kalorien. Ich gucke mir keine Nährwerttabelle an. Und ich kann mich nicht mehr jeden Morgen wiegen, weil wir auf der Jacht keine Waage haben.

Ich genieße die schöne Zeit mit meinem Vater auf dem Boot und freue mich über den Anblick der traumhaften Natur um uns herum. Lege mich auf dem Deck in die warme Frühlingssonne und hoffe, etwas mehr Farbe zu bekommen. Mache Fotos von hübschen Häusern, an denen wir vorbeifahren, und darf sogar selbst mal das Steuer übernehmen.

*

Als die erste Hälfte der Woche um ist, legen wir mit unserer Jacht am Hafen von Amsterdam an. Wir gucken uns die Stadt an, gehen sogar in einen Coffeeshop, kaufen dort aber nichts, und machen uns am Abend auf den Weg zum Hard Rock Cafe, um dort etwas zu essen. Ich entscheide mich mutig für den großen Veggie Leggie Burger, nehme als Beilage jedoch lieber Salat statt der Pommes. Nach dem Essen ist mein ganzer Teller leer. Alle sehen mich überrascht an und sagen: »Das hätten wir ja nicht gedacht, dass du diese Riesenportion ganz allein schaffst!«

Ich fühle mich nicht mal schlecht danach, bin zwar etwas voll, aber genieße es, endlich mal andere Dinge zu essen als Brot.

Leider lässt meine Motivation zum Gesundwerden in der zweiten Wochenhälfte bereits wieder nach. Ich esse wieder weniger und weniger, verzichte auf die leckeren Kekse, die ich in den ersten Tagen noch zwischendurch gegessen habe, und verliere mich wieder in meiner magersüchtigen Gedankenwelt. Ich verschiebe sämtliche Zwischendurch-Snacks, die darauf warten, von mir gegessen zu werden, auf den nächsten Tag. Immer wieder denke ich: Morgen, morgen, nur nicht heute.

*

Der Tag unserer Heimkehr rückt näher und ich esse jeden Tag weniger. Das Einzige, was mich noch interessiert, ist die Zahl auf der Waage, wenn ich wieder zu Hause bin. Meine Ungeduld ist fast nicht auszuhalten.

War ich gut genug?, frage ich mich. Habe ich es mal wieder geschafft, im Urlaub abzunehmen, während andere Menschen dabei zunehmen? Oh bitte, ich will es noch einmal erleben, diesen Stolz, dieses verdammte Hochgefühl, wenn die Zahl auf der Waage gesunken ist! Nur noch ein allerletztes Mal, und dann werde ich wieder gesund!

JUNI

Zu Hause sagt mir die Waage, dass ich 51,2 Kilo wiege. Viel zu wenig. Da habe ich also den Triumph, den ich wollte. Gut fühle ich mich damit trotzdem nicht.

An einem Montag gehe ich nach meiner Therapiestunde noch kurz in die Stadt, um ein bisschen zu shoppen. Ich verlasse gerade ein Geschäft, als mir ein Mädchen entgegenkommt. Ihre Beine fallen mir als Erstes auf: Dünn wie Streichhölzer sind sie. Mein Blick wandert höher, ihre unglaublich schmale Hüfte und Taille entlang, bis hin zu ihrem eingefallenen Gesicht. Ihre Augen blicken starr und traurig ins Leere und völlig kaputt setzt sie einen Fuß vor den anderen. Kämpft sich Schritt für Schritt voran, als sei es eine riesengroße Mühe für sie, sich diese paar Meter fortzubewegen.

Es ist das erste Mal, dass ich beim Anblick einer Magersüchtigen keinen Neid empfinde. Alles, was ich in diesem Augenblick noch verspüre, ist Mitleid mit diesem Mädchen, das sein Leben einfach so wegwirft für eine Krankheit, die es sein ganzes Leben lang nicht mehr glücklich machen wird.

Der Anblick des Mädchens geht mir nicht mehr aus dem Kopf, und ich beschließe, dass ich nicht länger dazugehören will, zu den Magersüchtigen. Dass jetzt endgültig Schluss sein muss mit dieser blöden, blöden Krankheit, an die ich so viel kostbare Zeit verschwendet habe. Ich zählte Kalorien, während andere Mädchen auf Partys gingen und ihren ersten Freund kennenlernten, steckte in der Psychiatrie fest, während meine Freunde ihr Abitur machten. Diese verdammte Magersucht hat mir so viel kaputt gemacht, ich will sie endlich loswerden!

Ich fasse einen Beschluss, der meinem Leben endlich die Wende gibt, die es schon viel früher hätte nehmen müssen: Ich werde jetzt gegen meine Magersucht kämpfen, bis ich wieder gesund bin! Dieses Mal will ich es wirklich schaffen! Ich spüre, wie der Wille zu leben in mir wächst, und fange endlich, endlich an, mich in den Kampf zu stürzen.

Mir ist klar, dass sich in meinem Leben nichts ändern kann, wenn ich mich nicht ändere. Also ändere ich mich. Nach und nach. Ich fange an, mich mit realistischen Augen im Spiegel zu betrachten, und versuche zu sehen, wie dürr ich wirklich bin. Ich distanziere mich von dem alten Blick, den ich einst auf mich hatte. Ein Blick, der mir lange vorgelogen hat, jemand anderes zu sein. Viel, viel dicker, als ich in Wirklichkeit bin.

Und plötzlich gelingt es mir, klar zu sehen: Ich bin ja wirklich dünn! Da ist kein Fett an mir, nirgends! Überall nur Knochen und Gänsehaut, weil mein verhungerter Körper ununterbrochen friert. All die Menschen, die mir immerzu gesagt haben, dass ich viel zu dürr bin, sie hatten ja recht! Ich gucke mich an und sage zu mir selbst: »Du siehst nicht aus wie 18! Dafür bist du viel zu dünn.«

Ich begreife zum ersten Mal, dass ich mir selbst einen Gefallen damit tue, wenn ich ein paar Kilo zunehme. Dass ich dadurch nur schöner werden kann. Ich fange an, die positiven Aspekte am Zunehmen zu sehen: Andere fänden meine Figur dann wieder viel attraktiver, mein knochiger Arsch würde beim Sitzen nicht mehr wehtun, und ich würde vielleicht endlich wieder meine Regel bekommen, die ich jetzt schon länger als ein Jahr nicht mehr hatte.

Auf der Straße sehe ich jetzt öfter normalgewichtige Frauen an und denke, dass so ein Körper mit etwas mehr Rundungen ja auch ganz schön sein kann. Ich löse mich nach und nach ein bisschen von meinen alten Idealvorstellungen.

Irgendwann höre ich damit auf, alles, was ich esse, in meinem Block zu notieren. Dieser Schritt hört sich vielleicht klein an, er ist aber der Anfang von etwas weitaus Größerem, denn ich gebe endlich die Kontrolle auf, an der ich mich so lange festgehalten habe.

Irgendwann versuche ich auch, nicht mehr jede einzelne Kalorie, die ich zu mir nehme, in meinem Gedächtnis abzuspeichern. Ich versuche es so lange, Wochen und Monate, bis es mir gelingt, diese Gedanken beim Essen endlich abzuschalten. Ermahne mich jedes Mal aufs Neue, wenn ich mich dabei erwische, wieder damit anzufangen, Kalorien zusammenzurechnen. Sage mir im Kopf »Stopp! Stopp! Stopp!« und versuche, sofort an etwas anderes zu denken.

Ich beschließe, dass auch endlich Schluss damit sein muss, dass ich mich jeden Morgen auf die Waage stelle. Fange damit an, mich nur noch jeden zweiten Tag zu wiegen. Dann nur noch zweimal in der Woche. Irgendwann halte ich es sogar eine ganze Woche lang ohne Wiegen aus. Es fühlt sich komisch an, nicht zu wissen, wie viel ich wiege, und es macht mir immer noch Angst, wenn ich keine Kontrolle über mein Gewicht habe, aber ich mache so weiter, halte mich streng an meine Regeln und schaffe es sogar bald, zwei Wochen lang auf die Waage zu verzichten.

Ich merke, dass sich selbst über diese langen Zeiträume hinweg nicht arg viel an meinem Körpergewicht ändert, und finde es auf einmal gar nicht mehr so schlimm, mehrere Tage lang aufs Wiegen zu verzichten. Es geht mir sogar ganz gut damit. Endlich bestimmt die Zahl auf der Waage nicht mehr mein Essen für den nächsten Tag. Sonst aß ich am nächsten Tag immer etwas mehr, wenn ich abgenommen hatte, und war mein Gewicht angestiegen, dann ernährte ich mich wieder extrem kalorienarm. Ich bin froh, heute nicht mehr darauf angewiesen zu sein.

Diese blöden Regeln, die ich mir selbst gesetzt hatte, haben mich viel zu lang am Leben gehindert. Wenn ich zum Beispiel zu einer Geburtstagsfeier eingeladen war, die Waage aber am Morgen mehr als am Vortag anzeigte, dann ließ ich erst mal sämtliche Mahlzeiten zu Hause ausfallen, nur, um auf diesem Geburtstag ein einziges Stück Kuchen essen zu können. Heute ist das anders. Mein Leben richtet sich nicht mehr nach meinem Gewicht. Mein Gewicht richtet sich jetzt nach meinem Leben.

Endlich kann ich meine Zeit dafür nutzen, mich wieder mehr um meine Freundschaften zu kümmern, statt sie mit Gedanken ans Essen und Kalorien auszufüllen.

Die Verabredungen mit Louise werden wieder häufiger: Wir gehen zusammen feiern, gucken uns Filme im Kino an, treffen uns abends wieder regelmäßig, um gemeinsam Tee zu trinken und zu quatschen, gehen shoppen. Und irgendwann backen wir dann auch mal wieder zusammen. Eine Freundin von uns, Lisa-Marie, hat Geburtstag. Wir treffen uns an einem Vormittag, um ihr ein Geburtstagsküchlein zu backen, das wir mit Schokolade und Marzipan dekorieren. Hinterher bleibt noch so viel Teig übrig, dass wir für uns selbst auch noch einen kleinen Kuchen rausholen können. Er schmeckt herrlich!

Dann fahren wir mit dem Rad durch die Sommersonne, bringen Lisa-Marie ihren Kuchen vorbei und werden noch auf ein Glas Sekt eingeladen. Louise, Lisa-Marie und ich stoßen unsere Gläser aneinander, und ich denke in diesem Augenblick nicht darüber nach, wie viele Kalorien wohl 100 Milliliter Sekt haben.

Auf dem Rückweg halten Louise und ich an einem Feld an, schmeißen unsere Fahrräder ins Gras und machen Fotos von uns. Fotos, auf denen wir lachen. Fotos, auf denen wir uns gegenseitig huckepack nehmen. Auf denen wir uns umarmen und auf denen man uns ansieht, wie glücklich wir darüber sind, dass wir endlich wieder mehr Zeit miteinander verbringen können.

Bald ist es nicht mehr länger wichtig für mich, nach jedem Wiegen meinen aktuellen BMI mit zwei Nachkommastellen zu ermitteln und mir diesen bis zum nächsten Wiegen zu merken. Ich stelle mir die Frage, was mir das Ganze eigentlich nützt. Wofür muss ich denn meinen genauen BMI wissen? Niemand fragt mich doch danach, und mich selbst bringt er auch nicht voran. Der Body-Mass-Index verliert an Bedeutung für mich. Ich höre damit auf, alles in meinem Leben an irgendwelchen Zahlen festzumachen. BMI, Körpergewicht und Kalorienzahl sollen nicht länger eine Rolle in meinem Leben spielen! Ich höre sogar auf, die Zahl der Waage in das Gewichtsdiagramm einzuzeichnen, das ich immerhin eineinhalb Jahre lang regelmäßig geführt habe, denn es scheint mir plötzlich nur noch unnötige Mühe zu sein, auf die ich auch genauso gut verzichten kann.

Ich werde immer flexibler, was meine Essenszeiten und vor allem das, was ich esse, anbelangt. An einem Wochenende, an dem Maddi mal wieder bei uns zu Besuch ist, machen wir bis in den Abend hinein ein Fotoshooting auf einem kleinen Weg zwischen mehreren Feldern, auf denen die Ähren bereits golden zum Himmel hinaufragen. Maddi hat ihre Spiegelreflexkamera mitgebracht, mit der unsere Fotoshootings jedes Mal ein voller Erfolg werden. Ich habe mir vor Kurzem eine coole Lederjacke und einen braunen Flechthut gekauft, die ich an diesem Tag trage. Auf unseren Fotos sehe ich damit aus wie ein Cowgirl.

Ich glaube, so viel Spaß wie an diesem Tag hatten wir lange nicht mehr zusammen. Jetzt geht es nicht mehr darum, meine Stiefschwester darum zu beneiden, dass sie Croissants zum Frühstück essen kann. Jetzt geht es darum, gemeinsam Spaß zu haben. Zu leben.

Auf dem Heimweg bekommen wir einen Bärenhunger. Ich spüre mit einem Mal den Mut, heute Abend etwas anderes als meine zwei Scheiben Brot zu essen. Schlage Maddi deswegen vor, uns einen vegetarischen Döner zum Abendbrot zu holen, denn auch sie isst keine Tiere mehr. Meine Idee stößt auf Begeisterung und ich bin so glücklich wie lange nicht mehr, als meine Stief-schwester und ich zusammen in unsere Dönertaschen hinein-beißen.

Rückblick von Lauras Freundin Louise

Irgendwie hat Laura dann doch noch die Kurve gekriegt. Ich glaube, es hat einfach eines Tages Klick in ihrem Kopf gemacht und ihr wurde bewusst, dass sie das Leben verpasst, wenn sie nichts verändert.

Seitdem haben wir uns immer öfter zum Kochen und Essengehen verabredet, was vorher nie richtig möglich war. Ich bin so froh, dass ich meine alte Lau mit ihrer Lebensfreunde wiederhabe, obwohl ich manchmal daran gezweifelt habe, dass sie jemals wieder aus diesem Teufelskreis herauskommen würde.

Es tut gut, sie wieder richtig glücklich zu sehen, und ich wünsche ihr für die Zukunft von ganzem Herzen nur das Beste.

Ich habe zugenommen und wiege wieder 53 Kilo. Und obwohl ich den einst so gefürchteten BMI von 18 überschritten habe, fühle ich mich wohl in meinem Körper. Ich gucke in den Spiegel und denke: Mensch, siehst du heute gut aus!

Ich besuche Oma Christa, die früher mal Friseurin war, und lasse mir von ihr 20 Zentimeter meiner Haare abschneiden. Eigentlich liebe ich meine langen Haare, aber durch die Magersucht sehen sie total mitgenommen aus, sind glanzlos, dünn und kaputt. Jetzt will ich sie wieder wachsen lassen, aber dieses Mal kümmere ich mich darum, dass meine Haare nie wieder so dünn werden.

Ich hole meinen Führerschein nach, nachdem ich die Fahrstunden wegen der Klinik unterbrechen musste. Bestehe, und bin stolz auf mich.

Außerdem schicke ich Bewerbungen für Ausbildungsplätze raus. Ich habe Angst, dass ich keinen Platz mehr bekomme – wegen der Klinik konnte ich mich nicht rechtzeitig bewerben und bin nun ziemlich spät dran mit der Jobsuche. Bekomme trotzdem ein paar Einladungen zu Vorstellungsgesprächen. Habe Angst, dass man mich fragt, warum ich die Schule nach der 11. Klasse abgebrochen habe. Nur noch dieses eine Jahr, und ich hätte schließlich mein Abi gehabt. Aber niemand stellt mir diese Frage.

Bei den Vorstellungsgesprächen gebe ich alles, zeige mich von meiner besten Seite, überzeuge. Bekomme sogar gleich zwei Zusagen, entscheide mich für das Unternehmen, in dem ich früher schon mal ein Praktikum gemacht habe, seit dem ich davon träume, dort zu arbeiten. Ein großer Zeitungsverlag. Ich bin erneut stolz auf mich. In meinem Leben geht es wieder bergauf: Ich habe meine Führerscheinprüfung bestanden, auf

Ich habe zugenommen und wiege wieder 53 Kilo. Und obwohl ich den einst so gefürchteten BMI von 18 überschritten habe, fühle ich mich wohl in meinem Körper. Ich gucke in den Spiegel und denke: Mensch, siehst du heute gut aus!

den letzten Drücker einen Ausbildungsplatz bekommen und befinde mich auf dem besten Weg, die Magersucht hinter mir zu lassen.

Endlich.

*

Ich sitze gerade in der Bahn Richtung Klinik. Tina hat mir in einer Nachricht geschrieben, dass sie wieder eingewiesen wurde, weil sie es zu Hause nicht geschafft hat, also besuche ich sie heute.

Bevor ich Tina aber auf ihrer neuen Station besuche, gehe ich noch einmal auf die Station, auf der ich selbst bis vor Kurzem gewohnt habe. Es ist gerade mal 15 Uhr und Tina muss sicher sowieso erst ihre Teezeit zu sich nehmen, bevor sie Besuch empfangen darf, darum habe ich ja noch ein bisschen Zeit. Mein Lieblingsbetreuer Stefan hat gerade Dienst und ich freue mich riesig, ihn hier anzutreffen. Gemeinsam spielen wir eine Runde des Kartenspiels, das wir damals immer so gern gespielt haben, und erinnern uns an die lustige Zeit, in der er mit Jessy und mir eine CD aufgenommen hat. Danach bietet er mir ein Stück Kuchen an. Die anderen Patienten müssen auch gerade ihre Teezeit zu sich nehmen und ich habe sowieso Hunger, also nehme ich sein Angebot an.

Zum ersten Mal bin ich hier, um etwas freiwillig zu essen und nicht, weil ich essen muss. Es fühlt sich so gut an, das zu tun, und ich bin auf einmal total stolz auf mich, weil mir die anderen Magersüchtigen dabei zugucken, wie ich freiwillig Kuchen esse, während sie nur in ihrem Müsli rumstochern. Ich bin so froh, dass ich das hinter mir habe, und fühle mich in diesem Moment wie ein richtig gutes Vorbild. Es wäre schön, wenn auch die anderen Mädchen hier bald ihre Essstörung überwinden könnten, denke ich, und mir huscht ein Lächeln übers Gesicht.

Dann gehe ich hoch auf Tinas Station. Bei ihrem ersten Aufenthalt hat sie mit mir in einem Zimmer gewohnt und kurz vor ihrer Entlassung wie ich angefangen, ihr Gewicht hochzuschummeln, indem sie vor dem Wiegen Wasser trank.

»Glaubst du, dass vier Becher genug sind?«, hat sie mich jeden Morgen gefragt.

Ich habe mir damals schon gedacht, dass das nur nach hinten losgehen kann, wenn sie wieder nach Hause kommt. Und ich habe leider recht behalten.

»Tina! Was machst du nur für Sachen?«, frage ich sie, als ich ihr Zimmer in der Klinik betrete.

Sie lächelt mich verlegen an. Aber ich bin ja nicht besser, ich habe in den ersten Wochen zu Hause schließlich selbst wieder Gewicht verloren.

Tina darf sich heute einen freien Nachmittag nehmen und die Klinik für ein paar Stunden verlassen. Darum fahren wir gemeinsam in die Stadt, um ein bisschen shoppen zu gehen.

In einem Laden bleibt mein Blick plötzlich an einem sehr mageren Mädchen hängen. Sie steht gerade mit dem Rücken zu mir und streckt ihre knochigen Arme nach oben, um an ein T-Shirt im obersten Fach zu gelangen. Bestimmt ist sie erst neun oder zehn Jahre alt und deswegen noch so dünn, nehme ich an. Aber dann dreht sie sich um und ich erkenne in ihr die mittlerweile 19-jährige Susan wieder, die ich damals auf der ersten Station im Krankenhaus kennengelernt habe, als sie bereits zum dritten Mal dort eingewiesen wurde. Ich bin ziemlich erschrocken über ihren Anblick, gehe aber auf sie zu und nehme sie in den Arm, als sie mich ebenfalls erkennt. Dabei habe ich fast Angst, sie zu zerbrechen, wenn ich meine Arme zu fest um sie schlinge.

»Gut siehst du aus«, sagt sie mit einem Lächeln im Gesicht zu mir. Ich wünschte, ich könnte dasselbe zu ihr sagen. Stattdessen erspare ich mir und ihr eine Bemerkung zu ihrer Figur. Sicherlich weiß sie selbst, wie krank sie immer noch aussieht. Gleich darauf teilt sie mir mit, dass sich an ihrem Gewicht leider bis heute nicht viel geändert habe und dass sie zwischenzeitlich auch noch mal in einer anderen Klinik gewesen sei. Sie sagt das alles eher so nebenbei, als wäre es etwas ganz Belangloses.

Wir reden nicht viel miteinander und schnell trennen sich unsere Wege wieder.

»Findest du das eigentlich immer noch schön, wenn jemand so dünn ist wie Susan?«, frage ich Tina später.

»Ich? Nein, um Gottes willen!«, sagt sie.

Aber irgendwie kann ich ihr das nicht ganz abkaufen. Ich habe doch gesehen, wie neidisch sie Susan gemustert hat. Als wäre sie die härteste Konkurrenz für Tina.

Ich hingegen finde Susans Figur wirklich nicht mehr beneidenswert. Früher in der Klinik war das mal so. Da wollte ich so sein wie sie. Habe sie für ihre Disziplin und ihren kranken, sterbenden Körper bewundert. Aber das ist jetzt vorbei. Mit der Figur, die ich jetzt habe, bin ich viel glücklicher. Ich möchte gar nicht mehr so schlimm magersüchtig aussehen. Ein bisschen magersüchtig vielleicht noch, ja, denn ganz kann ich die Krankheit immer noch nicht loslassen. Weit bin ich trotzdem schon gekommen, wenn ich daran denke, wie ich noch vor einem halben Jahr fast gestorben bin vor Neid auf Susan.

Heute bin ich so glücklich, dass ich einen anderen Weg gewählt habe als sie.

AUGUST

Meine Ausbildung hat inzwischen begonnen. Die anderen Azubis in meinem Unternehmen haben alle ihr Abitur. Ich bin die Einzige ohne. Schnell kommen sie dahinter und fragen mich, warum ich denn bloß nicht mein Abi gemacht hätte, ich hätte doch nicht mal mehr ein Jahr lang zur Schule gehen müssen. Diese Frage bringt mich immer wieder in Verlegenheit. Mit der Wahrheit rausrücken? Lügen? Wie soll ich denn nur reagieren?

Ich entscheide mich für den sicheren Weg. Ich lüge, denn ich habe keine Lust, dass die Geschichte meiner Magersucht das Erste ist, was sie von mir erfahren. Ich möchte nicht mehr nur Laura die Magersüchtige sein. Sie sollen *mich* kennenlernen, und nicht meine Krankheit.

»Ich wollte einfach unbedingt eine Ausbildung anfangen und da ich nicht studieren möchte, brauche ich ja auch gar kein Abi«, begründe ich mein fehlendes Abitur. Das ist natürlich keine angemessene Begründung, und ich selbst würde das niemandem abkaufen, aber es reicht fürs Erste, um die Fragerei der anderen zu stoppen.

Einmal, als wir gerade nach Feierabend zur Bahnhaltestelle gehen, ich mit einer Kollegin den anderen voraus, höre ich auf einmal eine von den Auszubildenden rufen: »Boah, Laura! Du hast ja extrem dünne Beine! Die sehen aus wie Streichhölzer, wirklich!«

Was soll ich denn darauf nun wieder antworten? Ich lächle sie an und ignoriere die Aussage einfach.

Wenn ihr wüsstet, denke ich. Wenn ihr meine Geschichte kennen würdet, dann wüsstet ihr, warum ich auf Streichhölzern gehe. Dann wüsstet ihr, dass meine Beine einst noch viel dünner waren. Aber ihr kennt sie nicht, dafür ist es noch zu früh. Dafür fehlt mir noch der Mut. Vielleicht, wenn noch ein bisschen mehr Zeit verstrichen ist, erzähle ich sie euch, meine ganze Gesichte. Aber jetzt bin ich noch nicht so weit.

*

Ich höre mit der ambulanten Therapie auf, weil ich wegen der Ausbildung keine Zeit mehr dafür habe, dabei war eigentlich ein halbes Jahr dafür vorgesehen. Aber meine Therapeutin und ich sind uns einig: Die letzten Schritte schaffe ich jetzt allein. Ich gehe auch nicht mehr zu meiner Ärztin, um mich wiegen zu lassen. Ich bin immerhin volljährig und kann mein Gewicht zu Hause auch selbst überprüfen. Wenn ich Feierabend habe, kaufe ich mir manchmal Schmalzkuchen in der Stadt. Ich verschwende meine Gedanken nicht mehr daran, dass sie in Fett gebacken werden und ich davon vielleicht zunehmen könnte. Schmalzkuchen zwischendurch zu essen ist keine große Sache mehr für mich. Ich tue es gern und freue mich jedes Mal wie ein kleines Kind darüber, wenn ich mir eine Tüte gekauft habe. Ich genieße sie, meine geliebten warmen Schmalzkuchen, ohne dabei an Kalorien zu denken. Ohne mich dafür zu hassen. Ohne dafür den Rest des Tages zu hungern. Denn ich weiß jetzt, dass ich auch danach noch dieselbe sein werde. Danach vielleicht sogar noch glücklicher, weil ich endlich wieder genießen kann.

*

53,5 Kilo. Ich gehe wieder unter Menschen und höre auf, mich abzugrenzen. An einem Abend gehe ich zum ersten Mal seit der Klinik wieder mit Jenny, Tim und dessen Kumpel in ein Café. Ich trinke eine Piña Colada, die erste nach Louises Geburtstag. Aber dieses Mal bereue ich es nicht. Dieses Mal kann ich den Cocktail in vollen Zügen genießen.

Danach teile ich mir mit Tims Kumpel sogar noch eine riesige Pizza, obwohl es schon mitten in der Nacht ist und ich davor schon einen großen Cocktail mit Sahne getrunken habe. Aber ich habe Lust drauf. Lust, endlich mal wieder in eine Pizza zu beißen. Und es ist mir egal, dass es gerade nicht die richtige

Zeit dafür ist. Man muss auch mal was Verrücktes tun, sage ich mir, und beiße voller Genuss in ein Stück Pizza.

An einem Abend im August bin ich mit Vikki auf einem Stadtfest in Hannover verabredet. Dort wollen wir Schmalzkuchen essen. Das ist schon irgendwie lustig, denn noch vor einem halben Jahr war da nicht mal dran zu denken. Ich bin froh, dass ich noch Kontakt zu Vikki habe, denn in der Klinik haben wir viele schöne und emotionale Momente miteinander erlebt.

Mit unseren Schmalzkuchentüten setzen wir uns auf eine Bank am See und reden über die Vergangenheit und das Hier und Jetzt. Auch Vikki geht es besser. Sie hat immer noch ein bisschen mit ihrem Gewicht zu kämpfen, aber es wird langsam stabiler und ich glaube fest daran, dass auch sie eines Tages wieder komplett geheilt sein wird.

Wir sitzen noch bis tief in den Abend hinein auf der Bank und sind ununterbrochen am Reden, weil wir uns so viel zu erzählen haben. Bevor wir das Fest verlassen, hole ich mir sogar noch eine zweite Tüte Schmalzkuchen und sie sich eine Kugel Eis und gemeinsam genießen wir, dass wir wieder genießen können.

Unsere Verabredung hat mich so glücklich gemacht, dass ich noch den ganzen Heimweg lang ein Grinsen im Gesicht habe. Es tut einfach so gut, sich mit jemandem zu unterhalten, der genau dasselbe durchgemacht hat wie man selbst und der weiß, wovon man spricht.

Als ich in der Nacht zu Hause ankomme, lege ich mich in eine Wolldecke eingerollt in unseren Garten. Für heute Nacht sind Hunderte Sternschnuppen angesagt, und das möchte ich auf keinen Fall verpassen. Um null Uhr sehe ich die erste und wünsche mir, dass alles genauso bleibt, wie es jetzt ist, denn ich bin glücklich. Ich bin wirklich so unglaublich glücklich, das kann man sich kaum vorstellen.

Es ist mir egal, dass ein Stück Zimt-kuchen ungefähr 250 Kalorien hat. Ich brauche Kalorien, um meinen Tagesbedarf zu decken. Und wenn Kalorien so gut schmecken, habe ich auch gar nichts mehr dagegen.

Zum Glück habe ich gekämpft, denke ich, sonst ginge es mir jetzt nicht so gut. Dann hätte ich all die schönen Momente, die ich seitdem erlebt habe, vielleicht verpasst.

Und wieder kehrt das Grinsen zurück in mein Gesicht. Ich liege noch fast eine Stunde lang einfach so da, grinse vor mich hin und sehe eine Sternschnuppe nach der anderen. Und ich bin mir sicher, das ist das Leben. Genau so soll es sein, und nicht anders.

SEPTEMBER

54 Kilo. Ich esse abends vor dem Fernseher zum ersten Mal wieder Chips aus der Tüte. Ich brauche keine Schale mehr, in die ich die Chips hineintun kann, um die Größe der Portion besser zu kontrollieren. Ich esse wieder Schokolade, gern auch mehr als drei Stückchen. Ich esse nach dem Abendbrot sogar manchmal den leckeren Zimtkuchen, den wir in unserem Gefrierschrank eingefroren haben und wegen dem ich damals das Abendbrot ausfallen ließ. An manchen Tagen, wenn er mir besonders gut schmeckt, hole ich mir sogar noch mal Nachschub. Meine ein-einhalb Eltern gucken mir manchmal schon kopfschüttelnd hinterher, wenn mich mein Hunger am späten Abend bereits zum zweiten oder dritten Mal in die Küche treibt – aber ich habe ja auch einiges nachzuholen. Es ist mir egal, dass ein Stück Zimtkuchen ungefähr 250 Kalorien hat. Ich brauche Kalorien, um meinen Tagesbedarf zu decken. Und wenn Kalorien so gut schmecken, habe ich auch gar nichts mehr dagegen.

*

54,4 Kilo. Ich brauche längst keine Wärmflasche mehr, um ein-zuschlafen. Mir ist nicht mehr kalt, weil mein Körper wieder alles bekommt, was er braucht. Wenn ich mir alte Bilder von mir ansehe, auf denen ich ganz abgemagert bin, erschrecke ich. Wie konnte ich mir das damals nur antun? Ich verstehe es nicht mehr und kann meine Motivation, mit Absicht zu hungern, einfach nicht nachvollziehen, denn es geht mir so, wie ich jetzt lebe, viel besser und ich möchte mein jetziges Leben nie wieder gegen die Magersucht eintauschen.

Ich erinnere mich an Papas Frage, die er mir damals in der Klinik gestellt hat: »Wie viel Prozent von dir wollen eigentlich gesund sein?« Und ich erinnere mich auch wieder an meine Antwort, die ich ihm damals darauf gab. Zwei Prozent.

Das Blatt hat sich gewendet, aber so was von! Nicht mal mehr ein Prozent würde ich der kranken Seite jetzt noch vergönnen. Nicht einmal ein halbes.

Rückblick von Lauras Stiefvater Michi

Zu Hause konnte ich immer öfter beobachten, wie Lauras Selbstbewusstsein wieder wuchs. Es klappte noch nicht immer, natürlich hatte sie zwischendurch kleine Rückschläge. So erinnere ich mich zum Beispiel an eine Situation, in der Laura an einer Crêpes-Bude anstand. Ein alter Mann hatte sich vor sie gedrängelt, da er der Meinung war, sie habe nicht richtig in der Schlange gestanden. Anstatt locker zu bleiben und diesen sturen Mann eben vorzulassen, brach sie in Tränen aus und verließ die Schlange, in der sie schon so lange angestanden hatte.

Doch mit dem Beginn ihrer Ausbildung wurde es besser und besser. Sie wurde ins kalte Wasser geworfen und mit Situationen konfrontiert, mit denen sie einfach fertig werden musste. Dadurch wurde sie zunehmend spontaner und lockerer.

Heute hat sich viel in Lauras Leben geändert. Sie isst jetzt wieder normal und zu Zeiten, an die noch vor einigen Monaten nicht zu denken war.

Ich grinse insgeheim in mich hinein, wenn ich sie jetzt abends um zehn noch in die Küche gehen höre, um sich ein Stück Kuchen oder dergleichen zu holen. Sie geht jetzt offener auf Menschen zu und weiß mit schwierigen Situationen umzugehen. Wenn sie mal nicht weiterkommt, holt sie sich meinen Rat, obwohl sie weiß, dass dieser auch mal streng sein kann. Doch heute kann sie mit Kritik umgehen.

Ich weiß nicht, wie lange es schon her ist, dass sie das letzte Mal über ihr Aussehen gemeckert hat. »Ich sehe scheiße aus!« oder »Meine Haare liegen nicht!« sind Sätze, die ich früher täglich zu hören bekam.

Und allgemein verbringt sie nicht mehr die halbe Zeit ihres Lebens vor dem Spiegel, weil sie jetzt weiß, dass die anderen sie nicht nur wegen ihres Äußeren mögen.

Die Kontakte zu ihren Freunden sind wieder häufiger ge-worden. Sie kann sich vor Verabredungen kaum noch retten und fängt an, sich endlich ins Leben zu stürzen, so wie es sich für ihr Alter gehört. Früher war ihr Tag um 20 Uhr zu Ende, wenn sie müde und erschöpft ins Bett gefallen ist. Doch diese Zeiten sind jetzt endlich vorbei.

55 Kilo. Ich habe mir mein Entlassungsgewicht fast zurückerkämpft. Heute ist mein 19. Geburtstag und ich habe meine Großeltern und meinen Vater zum Kuchenessen eingeladen. Mir fällt wieder ein, was für eine Katastrophe mein letzter Geburtstag war, an dem ich nur für ein paar Stunden nach Hause durfte. Dieses Jahr möchte ich das auf keinen Fall wiederholen. Ich möchte mir meinen Geburtstag nicht noch einmal von dieser Krankheit verderben lassen. Heute will ich Spaß haben und den Tag genießen!

Ich erinnere mich an meine verbotene Liste, die ich immer noch nicht komplett abgearbeitet habe. Eine einzige Sache steht immer noch darauf: Mamas Käsekuchen. Als ich mir irgendwann im letzten Jahr den Kalorien- und Fettgehalt von einem Stück dieses Kuchens ausgerechnet habe und schwer erschrocken über das Ergebnis war, beschloss ich, diesen Kuchen nie wieder zu essen, auch wenn er noch so gut schmeckt. Heute bitte ich meine Mutter darum, diesen Kuchen für mich zu backen. Er landet zusammen mit den anderen Kuchen auf meinem Geburtstagstisch und als die Gäste endlich da sind, esse ich drei ganze Stücke – darunter auch eins von Mamas Käsekuchen. Und ich bereue es nicht. Kein bisschen.

Am Tag darauf habe ich ein paar Freundinnen zum Kaffeetrinken eingeladen. Es ist ein wunderbarer Tag und ich genieße es richtig, dass ich dieses Ereignis endlich wieder feiern kann, nachdem ich an meinem 18. Geburtstag im letzten Jahr schon keine richtige Party organisieren konnte. Aber mit dem heutigen Tag ist das alles vergessen. Ich bin überglücklich und fühle mich richtig wohl im Kreise meiner Freunde. Heute feiere ich nicht nur meinen Geburtstag. Heute feiere ich auch mein Leben, das ich mir zurückgeholt habe!

DEZEMBER

Inzwischen ist ein Jahr vergangen, seit Becks und ich mit unserer Station auf dem Weihnachtsmarkt in Braunschweig waren. Wir haben uns damals das viele leckere Essen angeguckt und den Leuten dabei zugesehen, wie sie sich an ihrem heißen Kakao mit Sahnehaube aufwärmten. Selbst haben wir kaum etwas gegessen. Nur das Nötigste. Das, was wir mussten. Mehr zu essen hätten wir niemals gewagt.

Aber irgendwie wuchs in dieser schönen Weihnachtszeit vor einem Jahr auch der Wunsch in uns, eines Tages selbst wieder all diese weihnachtlichen Leckereien essen zu können. Zu dürfen. Wobei es uns ja niemand verboten hatte – außer uns selbst.

»Nächstes Jahr gehen wir noch mal zusammen auf den Weihnachtsmarkt und dann kaufen wir uns einen von diesen leckeren Germknödeln mit Pflaumenmusfüllung«, haben wir uns damals versprochen. Wir haben es uns versprochen, weil wir auf einmal voller Zuversicht waren, dass es alles nur besser werden konnte. Dass wir wieder gesund sein würden, in einem Jahr. Und wir haben recht behalten.

Jetzt sitze ich also tatsächlich im Zug nach Braunschweig und kann es kaum erwarten, Becks nach dieser langen Zeit endlich wieder in die Arme zu schließen. Mein Zug trifft im Hauptbahnhof ein, und aus dem Fenster heraus sehe ich sie schon an den Gleisen auf mich warten. Sie sieht gut aus. Richtig glücklich. Und Gott sei Dank gesund. Eine richtig tolle Figur hat sie jetzt.

Auf dem Weihnachtsmarkt kaufen wir uns endlich den Germknödel, auf den wir ein Jahr lang gewartet haben. Wir entscheiden uns beide für einen mit Vanillesauce und Zimtzucker. Dann setzen wir uns zufrieden auf eine Bank und beobachten das Treiben der Menschen um uns herum, während wir endlich erfahren dürfen, wie so ein Braunschweiger Germknödel schmeckt. Jetzt können wir mitmachen, mit den anderen, und müssen niemandem mehr beim Genießen zusehen. Denn wir können es selbst. Heute sind wir so weit. Wir sind gesund. Und vor uns liegt noch ein langes Leben.

Rückblick von Lauras Freundin Rebecca

Ich schreibe aus einer ähnlichen Sichtweise wie meine Freundin Laura, da ich genauso wie sie an Magersucht erkrankt war. Bei mir fing es mit 13 Jahren an. Mit ein paar Mädchen aus meiner Schule hatte ich mich in den Pausen immer in Fensterscheiben gespiegelt, um unser Aussehen zu vergleichen. Dabei fiel auf, dass die anderen viel zierlichere Beine hatten als ich. Mit vier Jahren hatte ich begonnen, Leichtathletik zu treiben. Neun Jahre lang trainierte ich zweimal die Woche, dazu kamen noch Tanzstunden, wodurch ich muskulösere Beine hatte als manche andere Mädchen.

Eine Mitschülerin sagte dann damals zu mir, dass ich ganz schön kräftige Beine hätte. Meine Beine waren schon immer meine Problemzone gewesen, und auf einmal wurde mir das auch noch von anderen bestätigt. Das machte mich nachdenklich. Woran konnte das bloß liegen?

Mir kam der Gedanke, dass Muskeln schwerer sind als Fett. Die anderen Mädchen machten kaum Sport und waren deshalb auch weniger muskulös als ich. Da schien mir die Lösung auf einmal auf der Hand zu liegen: Ich musste meine geliebte Sportart aufgeben, um meine Muskelmasse zu reduzieren. Dann würde ich bestimmt auch bald leichter sein, so wie die anderen. Gleichzeitig fing ich an, weniger zu essen. Statt zwei Broten aß ich nur noch eins und Nutella und Käse verbannte ich ganz von meinem Speiseplan. Mit der Zeit merkte ich, wie mein Körper immer schwächer wurde, weil ihm die Leichtathletik und eine ausreichende Ernährung fehlten.

Kurz vor den Sommerferien erreichte ich dann dasselbe Gewicht wie die Mitschülerinnen, die ich noch vor drei Monaten so um ihre tollen Figuren beneidet hatte. Mein Klassenlehrer sagte sogar noch zu mir: »Du siehst ja aus wie ein Model.« Darauf war ich unheimlich stolz, waren doch Models seit der Diät meine Vorbilder!

In den Ferien flog ich mit meiner Familie nach Amerika – eigentlich nicht gerade das richtige Land für eine Diät, aber ich schaffte es trotzdem, in diesem Urlaub abzunehmen. Wenn ich mit meiner Schwester und meinen Eltern in Fast-Food-Restaurants ging, bestellte ich eine Vorspeise und aß davon vielleicht gerade mal die Hälfte.

Als die Schule wieder losging, wurde ich mit Komplimenten überschüttet. Alle bewunderten mich für meine schlanke Figur und mein konsequentes Abnehmen. Eigentlich war ich zu diesem Zeitpunkt auch zufrieden mit meiner Figur und wollte versuchen, sie zu halten. Vor dem Essen bekam ich allerdings immer mehr Angst. Ich wollte ja nicht wieder zunehmen! Ich recherchierte im Internet nach Kalorienangaben und aß nichts mehr, was über 100 Kalorien hatte. Das war natürlich besonders schwer beim gemeinsamen Mittagessen mit meiner Familie, weil ich mir nie sicher sein konnte, wie viele Kalorien mein Essen hatte. Ich tat mir immer nur das Nötigste auf meinen Teller und aß so langsam, dass ich nicht vor den anderen fertig wurde. Noch mal nachzunehmen kam für mich nämlich nicht infrage.

Statt mein Gewicht zu halten, hörte ich bald ganz mit dem Essen auf und trank am Tag nur noch ein Glas Milch oder Orangensaft. Damit sich meine Mutter nicht zu große Sorgen um mich machte, bat ich sie, mir bei ihrem nächsten Einkauf Schokoriegel für die Schule mitzubringen. Diese aß ich natürlich nie. Nach ein paar Wochen hatte sich ein ganzer Berg davon in meinem Schließfach angesammelt.

Meine Mutter machte sich immer größere Sorgen um mich und organisierte mir schließlich einen Platz bei einer ambulanten Therapeutin. Ich konnte mich auf diese Therapie aber gar nicht einlassen. Dass mir die Therapeutin nicht helfen konnte, merkte auch meine Mutter, die mich daraufhin in ein Krankenhaus brachte. Dort bekam ich sofort eine Magensonde, weil ich das

Essen verweigerte. Nach vier Monaten wurde ich mit einem normalen Gewicht wieder entlassen.

Zu Hause fing dann alles wieder von vorne an: Ich war einfach noch nicht so weit. Meine Mutter schritt schnell ein und brachte mich erneut in die Klinik. Mein zweiter Aufenthalt dort dauerte zehn Monate.

Damals lernte ich auch Laura kennen, die drei Monate nach meiner Einweisung auf dieselbe Station kam. Es war eine verrückte Zeit: Wir berieten uns, was die Kalorien der Krankenhausspeisen betraf, tricksten beim gemeinsamen Stationskochen, indem wir Zimt mit Zucker statt Zucker mit Zimt mischten und die Sahnebecher nur halb geleert entsorgten, gingen in der Ausgangszeit joggen und kauften uns Diätnahrung.

Auch nach diesem zweiten Klinikaufenthalt konnte ich die Anorexie nicht loslassen. Erst als ich in eine auf Essstörungen spezialisierte Wohngruppe kam, machte ich immer mehr Fortschritte, was wohl auch daran lag, dass ich endlich anfing, die Dinge zu tun, die Mädchen in meinem Alter nun mal machen. Dadurch kam wieder ein Stück Normalität in meinen Alltag, und ich merkte plötzlich, dass mir mein Leben so viel besser gefällt.

*

Den Kontakt zu Laura habe ich bis heute gehalten. Das erste Silvester, das wir wieder »in Freiheit« verbringen durften, feierten wir sogar gemeinsam bei mir in Braunschweig. An diesem Tag wurde mir ganz besonders bewusst, wie viel wir beide in den letzten Monaten eigentlich schon geschafft haben. Silvester bauten wir uns dann einen Schokobrunnen auf und hielten süße Früchte darunter. Kurz vor Mitternacht tranken wir selbst gemischte Cocktails, und den leckeren Kuchen, den wir bereits am Nachmittag gebacken hatten, aßen wir noch in derselben Nacht des neuen Jahres. Das Schöne daran war, dass wir all diese Dinge einfach essen konnten, ohne großartig darüber nachzudenken.

Die Erfahrungen und Erlebnisse der letzten Zeit haben mir gezeigt, wofür es sich lohnt, diesen langen Weg zu gehen, denn heute kann ich mein Leben endlich wieder schätzen und genießen.

Aus mir sprudeln die Worte. Ich kann sie gar nicht mehr aufhalten, aber das macht auch nichts, denn endlich traue ich mich, meinen Mund zu öffnen. Mein Innerstes nach außen zu tragen.

Ich fange an zu reden. Mit all den Menschen, die es verdient haben, von mir zu erfahren. Denn heute stehe ich über den Dingen. Und ich stehe zu mir.

Es klappt noch nicht vor allen. Ganz kann ich mich noch nicht öffnen. Aber den größten Teil habe ich überstanden. Die größte Hürde überbrückt.

Die Worte rutschen einfach über meine Lippen. Worte über die Zeit, in der ich mich auf einmal verändert habe. Und eingefroren bin. Zu einem harten Eisberg. Aber es wird wieder wärmer, mit jedem Tag und jedem Wort.

Im späten Winter backen ich und Lisa-Marie richtig leckere Schmalzkuchen. Wir haben uns lange nicht gesehen und uns dementsprechend viel zu erzählen. So unglaublich viel. Vor ihr gelingt es mir zum ersten Mal, ja, wirklich, zum allerersten Mal, mich zu öffnen. Nicht nur ein bisschen. Und nicht nur so halb. Nein, ich öffne mich zum ersten Mal komplett, ohne einen Teil von mir zu verstecken.

Ich erzähle und erzähle. Und höre gar nicht mehr auf damit, denn es tut so gut. So unendlich gut, es endlich jemandem zu sagen. Das, was mit mir los war. Das, was ich durchgemacht habe. Und das, was ich all die vielen Monate nur für mich behalten habe.

Sie hat ein offenes Ohr für mich. Verständnis. Und viele Fragen, die ich ihr gern beantworte. Denn wenn es mir erst mal gelungen ist, wenn ich mich erst mal vor jemandem geöffnet habe, dann ist der größte Schritt getan. Dann schaffe ich auch den Rest.

Alle sagen am Anfang:
»Ich pass schon auf mich auf!«,
»Ich weiß, wann es genug ist!«,
»Ich kann jederzeit mit dem Hungern
aufhören!« Aber was macht man,
wenn man mit dem Hungern fertig
ist? Was bleibt noch übrig,
nach dem Hunger?

In dieser Nacht ist es egal, wie dunkel die Welt draußen ist. Denn ich strahle, als ich in der Nacht mit meinem Rad nach Hause fahre. Strahle heller als die Sterne am Himmel, heller als der Mond. Mein Glück kann nichts überblenden. Es ist lebendig. Kraftvoll. Unendlich.

Und es wird wärmer um mich herum.

*

Ein anderes Mal habe ich einen Termin bei meinem Frauenarzt. Die letzten Male dort waren scheußlich. Na gut, vielleicht die allerletzten Male, denn die Male davor habe ich mich noch gefreut, wenn er mir mal wieder gesagt hat: »Sie werden von Mal zu Mal dünner. Was läuft da schief?« Es war eine Ehre für mich, diese Worte zu hören. Ein großes Kompliment. »Nehmen Sie besser etwas zu.« Stolz. Jedes Mal dieser Stolz, wenn seine Worte fielen.

Doch jetzt wollte ich endlich gesund werden. Und diese Worte nicht mehr hören. Nie wieder! Ich wollte etwas verändern. Mein Leben verändern. Und ich tat es.

Es würde sich irgendwie falsch anhören, wenn ich an dieser Stelle nun schreiben würde, dass ich mit dem Essen begann und zunahm. Denn das ist nicht alles. Es ist nicht das Einzige, was man verändern muss, sondern nur ein wesentlicher Teil, ohne den es nicht geht. Man muss aufhören, mit den Augen zu Boden zu schauen, und anfangen, sich selbst zu akzeptieren. So, wie man ist. Genau so. Denn so ist man nun einmal.

Auf der Fahrt zu meinem Arzt fürchte ich mich schon vor seinen Bemerkungen. Vielleicht sieht man noch immer nicht, wie gut es mir inzwischen wieder geht? Vielleicht sieht er es nicht?

Aber er sieht es.

»Sie haben ein paar Kilo zugenommen, nicht wahr? Das ist gut. Sie sehen gesünder damit aus.«

»Ja«, antworte ich.

Und unterstreiche meine Antwort mit einem leichten Nicken, während sich meine Mundwinkel langsam in die Höhe ziehen und mein Mund sich zu einem Lächeln formt.

Ja, ich habe zugenommen. Und es ist in Ordnung, dass Sie das sagen. Ich sehe es als Kompliment an. Denn heute kann ich das, mich mit Ihnen über diesen Erfolg freuen, während jede andere Frau Ihnen wahrscheinlich eine Backpfeife für Ihre Feststellung gegeben hätte. Denn »Sie haben zugenommen« hört frau nicht gern. Aber ich weiß ja, wie Sie es meinen. Und Sie meinen es gut mit mir. Danke, dass Sie das zu mir gesagt haben.

Und es wird wärmer, immer wärmer.

*

Ich sitze im Zug nach Berlin und fahre meinem großen Traum entgegen: ein eigenes Buch zu veröffentlichen. Ein Buch, das anderen Mut machen und zeigen soll, was Magersucht ist. Denn Magersucht bedeutet nicht, irgendwelchen Schönheitsidealen oder Laufsteg-Models nachzueifern. Magersucht ist kein Trend. Und Magersucht ist auch nicht cool. Es ist die Hölle.

Die Betroffenen werden es wissen. Zumindest die, die lange genug damit zu tun gehabt haben.

Alle sagen am Anfang: »Ich pass schon auf mich auf!«, »Ich weiß, wann es genug ist!«, »Ich kann jederzeit mit dem Hungern aufhören!« Aber was macht man, wenn man mit dem Hungern fertig ist? Was bleibt noch übrig, nach dem Hunger?

Nichts. Danach kommt nichts. Das ist ja das Schlimme an der Magersucht. Bei anderen Süchten zieht es einen zu irgendetwas hin. Zu Drogen, Alkohol, Glücksspielen – was auch immer.

Aber um die Magersucht zu überwinden, muss man mit etwas anfangen, auf das man lange verzichtet, das man beinahe schon verlernt hat: mit dem Essen. Zehn bis 15 Prozent sterben. Höhere Todesraten gibt es bei keiner anderen psychischen Krankheit.

Meinem Taxifahrer in Berlin erzähle ich, dass ich heute zum ersten Mal hier bin, in dieser großen Stadt, in die ich immer schon mal wollte.

»Sind Sie hier, um Bekannte zu besuchen?«, fragt er mich, während wir mit seinem gelben Auto durch die Straßen flitzen.

»Nein. Ich bin hier, weil ich ein Buch geschrieben habe«, verkünde ich stolz, und kann mir das Grinsen nicht verkneifen. Aber das will ich auch gar nicht. Ich bin wirklich stolz, dass ich es bis hierhin geschafft habe.

Der Taxifahrer ist neugierig und fragt natürlich nach, was für ein Buch es denn ist, das ich geschrieben habe. Und ich erzähle es ihm. Erzähle ihm alles, wozu ich überhaupt fähig bin in dieser kurzen Zeit. Öffne mich erneut. Vor einem wildfremden Mann. Und so schwer ist es auf einmal gar nicht mehr.

Im Verlag erfahre ich, dass mein Buch gedruckt werden soll. Es soll wirklich gedruckt werden! Ich kann es gar nicht fassen. Endlich gibt man mir die Chance, mit meiner Geschichte rauszurücken. Endlich darf ich allen beweisen, dass es geht. Dass man es schaffen kann, wenn man es wirklich will. Überglücklich fahre ich an diesem Tag nach Hause und kann es gar nicht erwarten, allen diese gute Nachricht mitzuteilen.

Und die Wärme durchflutet mich.

*

Daheim gehe ich einkaufen. Einkaufen, wie es normale Menschen tun. Nicht wie eine Magersüchtige. Weg vom Knäckebrot. Weg von den fettreduzierten Sachen. Weg von der Cola light und weg vom Diätregal. Dafür hin zu dem richtigen Essen. Zu den Lebensmitteln.

Lebens.

Mittel.

Was für ein schönes Wort.

Essen ist ein Mittel zum Leben. Ohne Essen ist auf Dauer niemand lebensfähig. Auch, wenn man vielleicht noch existiert auf dieser Welt. Wenn man reden kann und atmet. Aber leben tut man ab einem gewissen Zeitpunkt nicht mehr. Will es dann vielleicht auch gar nicht mehr. Aber ich will es. Ich will leben.

Ich werfe Kekse in meinen Einkaufswagen und Kroketten. Dazu Margarine und Erdbeermarmelade, aber nicht die kalorienreduzierte, sondern die leckere, die ich am liebsten mag. Die knusprigen Körnerbrötchen, die ich schon immer mal probieren wollte, ein paar Bananen und noch eine Packung Blätterteig. Dann komme ich an einem Probierstand vorbei, nehme mir eine Scheibe Baguette mit gesalzener Butter vom Tablett und esse sie auf dem Weg zur Kasse auf. Es schmeckt köstlich!

Und das Eis in mir taut auf.

HEUTE

Ich habe wieder einen gesunden BMI zwischen 19 und 20. Mein genaues Gewicht weiß ich nicht, es hat aber auch keine große Bedeutung mehr für mich. Viel wichtiger ist mir, dass ich die Magersucht nach einem langen und harten Kampf endlich besiegt habe.

Sie hat so ihre Spuren an mir hinterlassen und wenn ich an die vergangenen Zeiten denke, läuft mir manchmal noch immer ein kalter Schauer den Rücken hinunter. So eine schwere Zeit steckt man nicht einfach weg. Ich habe fast zwei Jahre an diese Krankheit verschenkt und ihretwegen so manchen Teil meiner Jugend verpasst. Ich habe in dieser Zeit aber auch viele Erfahrungen gesammelt und einiges dazugelernt.

Heute weiß ich, dass ich besser auf mich aufpassen und immer auf der Hut sein muss, dass sie sich nicht noch ein zweites Mal in mein Leben schleicht. Selten, aber doch manchmal, erwische ich mich dabei, wie ich wieder anfange zu rechnen: drei Scheiben Toast, 185 Kalorien, plus dreimal Marmelade, 60 Kalorien, plus einen Apfel, 70 Kalorien … Stopp!, ermahne ich mich dann, und erinnere mich daran, wie schlimm das alles einst geendet hat, nur, weil ich die Krankheit einmal in mein Leben gelassen habe.

Doch die Magersucht bestimmt Tag für Tag weniger mein Leben, und ich kann endlich wieder von Herzen lachen. Ich kann wieder mit Freunden essen gehen, und ich habe wieder genug Energie, um meinen Alltag zu bewältigen. Ich löffle wieder Teigreste aus, wenn ich Kuchen gebacken habe, benutze Öl statt Wasser zum Braten und schiebe mir ab und zu ein Stück Schokolade in den Mund, ohne mir Gedanken darüber zu machen. Hin und wieder gehe ich auch joggen, um mich fit zu halten, allerdings in einem gesunden Maße und nicht wie früher jeden Tag. Ich kann wieder in den Spiegel schauen und mich so akzeptieren, wie ich bin. Ich finde mich jetzt, nachdem ich die Magersucht hinter mir gelassen habe, sogar viel schöner und bin mehr als froh darüber, wieder ein normales Gewicht zu haben. Vor Kurzem habe ich sogar zum ersten Mal wieder meine Tage bekommen – nach 19 verdammten Monaten! Ich habe Tränen geweint vor Freude. Endlich funktioniert mein Körper wieder so, wie es sein soll. Endlich habe ich mein Leben zurück!

*

Ich stehe mit meiner Mutter in der Küche und wir kochen gerade unser Lieblingsessen, als sie zu mir sagt: »Ich glaube, jetzt hast du es endlich geschafft.« Und mir schießen Tränen in die Augen, als ich in mich hineinhorche und mir ganz sicher bin, dass Mama recht hat.

Hinter mir liegt eine schwere Zeit. Ich bin oft gestolpert und gefallen, aber ich habe nie aufgegeben, bin immer wieder aufgestanden. Heute weiß ich wofür.

Man hat nicht viele Möglichkeiten, wenn man magersüchtig ist. Entweder man geht den falschen Weg weiter, immer tiefer in die Krankheit hinein und immer näher an den Tod heran. Oder man nimmt all seinen Mut zusammen, um den Weg zu verlassen und den richtigen zu suchen. Wenn man dann noch einen starken Willen mitnimmt, dann findet man ihn auch.

Für Letzteres habe ich mich entschieden. Eine Entscheidung, die ich niemals in meinem Leben bereuen werde. Heute kann ich wieder lachen, ich habe neuen Mut für das Leben gewonnen und unternehme wieder etwas mit meinen Freunden. Mein Körper hat sich von dem, was ich ihm angetan habe, erholt, und ich mag mich inzwischen richtig gern genau so, wie ich bin. Heute weiß ich, dass ich nie wieder etwas anderes sein will als das: gesund.

Ich wünschte, noch mehr Betroffene würden es schaffen, so wie ich die Krankheit hinter sich zu lassen. Viel zu viele Menschen leiden unter einer Essstörung. Allein in Deutschland sind laut Deutschem Institut für Ernährungsmedizin (DIET) etwa 100.000 Mädchen und Frauen von der Magersucht betroffen[*], doch auch die Zahl der an Magersucht erkrankten Jungen und Männer wächst und wächst.

Aber die Leute gucken oft nur doof, wenn sie jemand Magersüchtiges sehen, und können oder wollen die Krankheit nicht verstehen. Ich würde gern helfen, wo ich kann. Würde am

---

[*] Vgl. www.hungrig-online.de/presse/presseinformationen/Magersucht_Hintergrund.pdf – Eingesehen: 03.09.2013, 08:45 Uhr.

liebsten jeder Magersüchtigen zeigen, wie sie den Weg zurück ins Leben findet. Aber das geht nicht. Mehr als sie mit meinen Worten wachrütteln kann ich nicht. Den richtigen Weg muss jeder für sich selbst finden. Mein Buch kann nur ein Wegweiser auf dieser langen Reise sein. Trotzdem hoffe ich, dass ich damit dem einen oder anderen ein bisschen Mut machen konnte.

Lasst euch von Rückfällen nicht entmutigen. Macht euch immer wieder aufs Neue bewusst, welches Ziel ihr habt, und verliert es nicht aus den Augen. Haltet es fest und kämpft dafür!

Der Weg aus der Magersucht ist nicht leicht. Er ist lang und holprig und voller Hindernisse, die man überwinden muss. Aber wenn man diesen Weg erst einmal bis an sein Ende gegangen ist, wenn man es geschafft hat, dann wird man für all den Schmerz, den man bis dahin erlitten hat, belohnt. Man wird belohnt mit dem Leben.

Und das Leben lohnt sich allemal. Dafür lohnt es sich, zu kämpfen, das verspreche ich euch. Ich habe es geschafft, und für nichts auf der ganzen Welt würde ich mein Leben jemals wieder aufgeben.

DANKSAGUNG

Oliver, du hast mir eines Tages geschrieben, dass wir das Buch machen können. Damit hast du mir meinen größten Traum erfüllt und ich werde dir noch eine Ewigkeit dankbar dafür sein.

Uta, du bist eine großartige Lektorin! Von dir durfte ich so viel Unterstützung erfahren und mit deiner charmanten Art hast du mich bei jedem Besuch in eurem Hause verzaubert. Danke für all deine Mühe.

Louise, an dir durfte ich erfahren, was eine wirkliche gute Freundin ausmacht: Du warst es, die nie aufgehört hat, mich im Krankenhaus zu besuchen, auch wenn ich für ein langes halbes Jahr dort war. Danke, dass du nie aufgehört hast zu fragen, wie es mir geht, als ich mich noch nicht öffnen konnte, und danke, dass du zugehört hast, als ich es endlich getan habe.

Jenny, danke für die Freundschaft, die du mir gibst und die uns immer fester zusammenschweißt. Du bist eine super Gesprächspartnerin, und wenn wir quatschen, vergeht die Zeit wie im Nu. Bei dir bin ich einfach immer an der richtigen Adresse, wenn ich mal für einen Moment lang den Alltag vergessen will.

Elisa, wie schön ist es, dass wir endlich wieder mehr Zeit füreinander haben! Ich bin so glücklich, dass wir uns jetzt wieder öfter sehen, und es tut jedes Mal so gut, mit dir zu reden. Danke, dass mir mit dir nie langweilig wird.

Rebecca, ich danke dir, dass wir trotz der Entfernung stets in Kontakt bleiben. Du bist diejenige, mit der ich immer reden kann, wenn ich auf Verständnis stoßen will, denn wir beide haben dasselbe durchgemacht. Ich bin unendlich froh darüber, dass wir den Absprung geschafft haben und unser neues Leben jetzt in vollen Zügen genießen können.

Vikki, was für ein großes Glück ist es gewesen, dass wir uns damals im Krankenhaus kennengelernt haben! Mit dir habe ich eine Freundin dazugewonnen, mit der sich sogar der langweiligste Sonntag noch zu einem richtig guten Tag verzaubern lässt. Unsere vielen kreativen Backstunden werde ich nie vergessen und ich hoffe, dass diesen noch einige folgen werden.

Lisa-Marie, mein Sonnenschein. Danke, dass man mit dir immer den größten Spaß haben kann und dass du sogar Schmalzkuchen mit mir backst!

Shelly, danke für viele Jahre Freundschaft. Wir haben zwar Phasen, in denen wir uns kaum sehen, aber dennoch weiß ich, dass du immer in der Nähe bist und ich zu dir kommen kann, wenn mal etwas ist. Zum Glück können wir heute auf unsere Wette von damals zurückblicken und den Kopf darüber schütteln.

Maddi, danke, dass ich in dir so eine gute Stiefschwester gefunden habe. Als kleines Kind habe ich mir immer eine Schwester gewünscht – aber das ist dank dir und Aileen nicht mehr nötig. Mit dir habe ich das erste Mal nach der Klinik wieder einen Döner gegessen. Ich werde nie vergessen, wie sehr wir das damals genossen haben.

Oma Christa, ich glaube nicht, dass es viele Mädchen und Jungen gibt, die wie ich das Glück haben, eine so jung gebliebene, aufgeschlossene und verständnisvolle Großmutter wie dich zu haben. Ich hatte bei dir nie das Gefühl, gegen eine Wand zu reden, und habe wirklich den Eindruck, eine beste Freundin vor mir sitzen zu haben, wenn wir unsere Gespräche führen. Danke für all die Liebe und Zeit, die du mir immer wieder schenkst.

Oma Herti, ich weiß, es ist bis heute schwer für dich, meine Magersucht zu begreifen, aber vielleicht konnte ich dir und Opa diese Erkrankung durch mein Buch etwas näherbringen. Alles, was du für andere tust, kommt wirklich von Herzen, das spürt man förmlich. Was du mir gegeben hast, kann ich dir gar nicht alles zurückgeben. Danke, dass du immer genau dann da bist, wenn ich dich am meisten brauche.

Papa, es ist mir so viel wert, dass wir heute wieder so gut in Kontakt stehen. Auch, wenn ich es nicht immer ausspreche, freue ich mich doch über jeden deiner Wochenendanrufe und über jeden Tag, an dem wir uns wiedersehen. Danke dafür.

Michi, du hast mich aufgefangen, wenn ich wieder zu fallen drohte, jedes einzelne Mal. Deine Ratschläge bringen mich auch heute noch voran und die vielen Gespräche mit dir waren hilfreicher als jeder Therapeut. Ohne dich wäre ich verloren gewesen. Dafür danke ich dir.

Und zu guter Letzt: Mama, was du für mich getan und mit mir durchgestanden hast, kann ich kaum in Worte fassen. Du warst so tapfer und stark in dieser schweren, schweren Zeit, hast nie die Hoffnung verloren und immer zu mir gehalten. Ich danke dir aus tiefstem Herzen dafür, dass du jeden Tag alles dafür gibst, die weltbeste Mutter für mich zu sein. Ich glaube, nicht jede Mutter hätte so viel Mut bewiesen, wie du es zu dieser Zeit getan hast. Danke für deine Liebe, deine Fürsorge und dein offenes Ohr an jedem neuen Tag. Danke für all die Stunden, in denen ich mich an deiner Schulter ausheulen durfte. Ich kann dir gar nicht so oft danken, wie ich es eigentlich müsste, aber eines, das sollst du wissen: Ich habe dich immer geliebt, auch in dieser kräftezehrenden Zeit und auch, wenn ich es dir manchmal wirklich schwer gemacht habe, das zu spüren. Aber ich liebe dich, und daran wird sich nie etwas ändern.

DIE AUTORIN

LAURA PAPE wurde 1993 in Hannover geboren und hat schon als Kind gerne geschrieben. Bis zur 11. Klasse besuchte sie ein Gymnasium – dann kam sie mit der Diagnose Anorexia nervosa in eine Klinik. Während ihrer Magersucht hat sie viele Bücher über Essstörungen gelesen, die alle gleich endeten: mit der Krankheit. Nicht gerade motivierend für jemanden, der gerade dabei ist, sich zu Tode zu hungern. Als es ihr endlich gelungen war, ihre Magersucht zu überwinden, beschloss sie deshalb, von ihrem Erfolg zu erzählen und anderen Betroffenen damit Mut zu machen. LEBENSHUNGRIG ist ihr erstes Buch.

Laura Pape
LEBENSHUNGRIG
Mein Weg aus der Magersucht

ISBN 978-3-86265-313-3
© Schwarzkopf & Schwarzkopf Verlag GmbH, Berlin
1. Auflage Oktober 2013
2. Auflage Dezember 2013
3. Auflage November 2014
4. Auflage September 2016

KATALOG
Wir senden Ihnen gern kostenlos unseren Katalog.
Schwarzkopf & Schwarzkopf Verlag GmbH
Kastanienallee 32, 10435 Berlin
Telefon: 030 – 44 33 63 00
Fax: 030 – 44 33 63 044

INTERNET | E-MAIL
www.schwarzkopf-schwarzkopf.de
info@schwarzkopf-schwarzkopf.de